KB265075

케이디파워 사람들

케이디파워 사람들

박기주 지음

모아북스
MOABOOKS

케이디파워 사람들

1판 1쇄 인쇄 | 2009년 11월 10일
1판 2쇄 발행 | 2009년 11월 24일

지은이 | 박기주
발행인 | 이용길
발행처 | MOABOOKS 모아북스

영업 | 권계식
관리 | 윤재현
디자인 | 이룸

출판등록번호 | 제 10-1857호
등록일자 | 1999. 11. 15
등록된 곳 | 경기도 고양시 일산구 백석동 1332-1 레이크하임 404호
대표 전화 | 0505-627-9784
팩스 | 031-902-5236
홈페이지 | http://www.moabooks.com
이메일 | moabooks@hanmail.net
ISBN | 978-89-90539-61-8 03320

나는 사업가가 지켜야 할 제 1 수칙도 '신뢰' , 제 2 수칙도 '신뢰' 라고 입버릇처럼 말한다.

드림소사이어티를 향한 열정의 기록

단돈 80만 원으로 사업을 시작하다

우리 회사는 한해 매출 목표 1700억 원을 넘는 중견 전기회사로서 지난 20년간 업계가 놀랄 만한 고속 성장을 지속해왔다. 어떻게 이런 성공을 일궜느냐고 묻는 질문에 나는 종종 이렇게 답한다.

"무슨 일이 다 그렇듯 시작이 거창할 거라고는 생각지 마세요. 80만 원이 내 첫 자본금이었습니다."

내가 전기 사업에 뛰어든 것은 89년 7월 1일 무덥던 여름날이었다. 당시 나는 용산 전자상가에 세를 내서 사업을 시작했는데 그때 투자한 자본금이 80만 원이었다. 자본금이 더 많았다면 하는 생각 같은 건 해본 적이 없었다. 처음부터 고생을 각오하고 바닥부터 쌓아올리겠다고 이 악물고 시작한 일이었다. 새벽같이 일어나 가게 문을 열고 또다시 새벽 여명 때까지 뛰어다녔다. 나는 지금도 진심을 다 바치면 못 할 일이 없다고 믿는다. 이렇다 할 기반도 마련하지 못하고 시작했음에도 내 진심이 통했는지 얼마 안 가 내 가게는 북적이기 시작했다. 하루하루 새로운 거래처들이 생겨났고, 놀랍게도 20여 일 만에 무려 2천만 원이라는 수입을 달성했다.

2천만 원 잔고가 달성된 날, 나는 조촐하게 가족과 친지 몇 분을 모시고 개업식을 했다. 이대로 가게만 운영해도 충분히 괜찮았지만 사실 내게는 다른 꿈이 있었다. 위험을 무릎 쓰고 본격적인 전기공사 시공업에 뛰어들기로 한 것이다. 새로운 사업을 시작하면서 처음으로 직원들도 뽑았는데 아직도 첫 월급을 주었던 그날이 생생하다.

그날은 종로소방서의 수배 전반 교체 보수공사를 마친 날이었다. 워낙 독하게도 더워서 가만히 앉아 있어도 땀이 등줄기를 흠뻑 적셨다. 하지만 우리는 그 무더위도 잊고 팥죽 같은 땀을 흘리며 그날의 공사를 간신히 마쳤다. 그런 다음 시간이

늦어 사무실로 돌아가지 못하고 서울 서부역 뒤 공원 길거리에 서서 곧바로 월급봉투를 주고받았다. 주머니에서 하나씩 봉투 들을 꺼내 직원들에게 한 사람씩 고맙다는 인사와 함께 나누어 주었다. 그때 내 마음도 쿵쾅댔던 것 같다. 먼지와 땀에 뒤범벅 된 얼굴에 함박웃음을 짓던 그 얼굴들이 아직까지 잊혀지지 않는다.

그것은 신비로운 경험이었다. 누군가의 가계가 내 어깨에 달려 있다고 생각하니 무겁고 기분 좋은 책임감이 느껴졌다. 사장이라고 해봐야 나 역시 당장 먹고살아야 하는 처지였음에도, 직접 땀 흘려 번 돈으로 첫 월급봉투를 쥐어줄 수 있게 되자 마음의 자세가 한결 달라진 것이다.

그로부터 몇 년 후, 나는 또 한 번의 잊지 못할 순간을 만나게 된다. 길거리에서 직원들에게 쑥스럽게 월급봉투를 쥐어주며 시작한 우리 회사는 그 무렵에는 해외 수주까지 따내는 회사로 성장했다. 그 와중 IMF가 닥쳐왔다. 국내 전 업계가 부도와 도산 위험에 놓였던 97년 9월 행운이 다가왔다. 다른 회사들은 주저앉고 거리로 나앉았지만 역으로 우리는 기대도 안했던 환차익을 거머쥐게 된 것이다.

당시 우리 회사는 인도네시아에 첫 해외 수주를 따내고 분주한 분위기에 젖어 있었다. 밖에서 수많은 회사들이 도산한다는 소식들이 들려오던 무렵이니 불안하지 않을 리 없었다. 하지만 그런 어수선한 상황 속에서도 중심을 잃지 않고 제 역할을 충실히 하는 데 목표를 두고 찬찬히 한걸음씩 가자고 서로 약속해둔 차였다.

그런데 믿지 못할 놀라운 일이 일어났다. 잔금이 입금되기로 한 그해 12월 말에 환율이 3개월 만에 달러당 890원에서 2,000원으로 무려 2배 넘게 뛰어버린 것이다. 잔금이 입금되고 액수를 확인하는 날, 우리는 놀라서 입을 딱 벌리고 말았다. 환차액 이득금만 약 10억 원이 넘어 있었다. 순간 머리가 핑 돌면서 아찔한 기분이었다.

나는 지금도 그때의 요행을 생각하면 감사하면서도 섬뜩한 느낌이 들 때가 있다. 만일 내가 그것을 단순한 요행으로 여겨 흥청망청 지냈더라면, 과연 내 삶은 어떻게 달라졌을까? 그것은 혹시 하늘에서 나를 시험하기 위해 내린 시험대는 아니었을까? 만일 내가 그 돈을 쉽게 써버리거나 엉뚱한 데 투자했다면? 아마 그랬다면 내 현재는 결코 지금 같지 않았을 것이다.

충격이 가시고 나자 좀 더 거리를 두고 그 행운을 바라볼 수 있었다. 나는 일단 그 엄청난 돈을 한 개인이 가진 돈으로 보지 않겠다고 다짐했다. 그 자본금으로 회사를 키우는 데 전념하겠다고 말이다. 그리고 궁리 끝에 그간 꿈꿔왔던 패키지형 수배전반 사업에 뛰어들기로 결정했다.

내가 본격적인 제조업에 달려들게 된 것에는 몇 가지 이유가 있었다. 나는 84년도에 신광기업 연구개발부서에 근무하면서 백열전구 형태의 '장미 전구' 연구 개발에 참여한 적이 있었다. 그 과정을 지켜보면서 느낀 것은 앞으로 연구 개발 분야에서 박차를 가하면 더 큰 기회를 잡을 수 있다는 믿음이었다. 무조건 자본만 투자하고 몸집만 늘리는 것이 아니라 끊임없이 새 것을 개발하고 연구에 투자하는 기업이 크게 성장하는 시대가 얼마 안 가 다가오리라는 예감이 들었다.

그렇게 수배전반 사업에 뛰어든 이후 약 2년간 경기도 광주에 수변전 설비 연구소를 세우고 각 부문 전문가들의 조언을 구하기 시작했다. 또한 IT 분야의 핵심 연구인력과 패키지형 수배전반의 핵심 부품인 각종 디지털 기기, IT를 접목할 수 있는 외부의 협력업체를 구하는 데 매진했다.

물론 전기장이인 내가 설계와 제품 구성, 디자인, 판매 전략까지 혼자 끌어간다는 건 사실 쉽지 않은 일이었다. 하지만 나는 이 일을 좋아했고, 선택했고, 성공을 확신했으므로 아무리 어려워도 참을 수 있었다. 갑작스런 행운을 놓치지 않고 기존의 내 사업과 전기 분야의 사업 형식을 새롭게 전환시키겠다고 다짐, 또 다짐했다.

하지만 제대로 해보겠다는 그 다짐도 번번이 힘겨운 난관에 부딪쳤다. 시작은 의욕적이었지만 과정은 결코 만만치가 않았다. 사업을 시작한 첫해와 두 번째 해는 무모함의 연속이었다. 일단 열의를 다해 수주는 따냈는데 제조 공장이 없었다. 게다가 일정 금액 이상을 수주하고 납품하는 데 제약을 두는 단체수의계약 제도도 커다란 장애였다.

중소기업특별법에 의한 정부 계약 형태인 이 계약 제도는 당시 몇몇 기득권자의 입김에 움직였다. 중개인들의 기득권도 드세던 시절이라 이익은 그들의 주머니로 반토막이 나고, 제품의 질과는 무관한 특별한 인간관계에 의해 수주가 결정되는 식이었다. 신기술이나 품질 경쟁력, 가격 경쟁력, 납기 대응력 같은 진짜로 중요한 항목들은 정작 아무 쓸모가 없었다. 실력이 있어도 살아남기 힘든 절망스러운 현실이었다.

뿐만 아니라 처음 해보는 제조업이다 보니, 경영 목표도 무모하기 짝이 없었다. 연말 결산 시점에서는 목표대비 30% 수준만 겨우 유지하는 상황이 3~4년간 계속되었다. 게다가 조직

관리도 형편없어서 유능하다고 뽑은 직원들의 이직률이 해마다 40%를 웃돌았다. 임직원들의 목소리는 다양했지만, 아직 시장에 대해 옳고 그름의 판단이 제대로 서지 않은 상황이었다. 지역 유통망에서 부실채권이 눈 덩어리처럼 불어 한해 4억 가까운 손실을 입기도 했다.

또한 지금이야 우리나라 전기업체 최고 기업도 우리를 따라 제품을 만들지만, 당시에는 골목길 다니기가 두려울 정도로 경쟁업계들의 협박도 많았다. 제품이 폭발하기 쉽다던가, 유지보수와 청소가 어렵다거나, 사장이 사기꾼 같다거나 하는 이간질과 루머가 업계 전반에 난무했고, 심지어 8척 거구의 깡패로부터 협박까지 받은 적도 있었다. 정말 아찔한 순간, 나날이 고비이자 위험인 사업가의 세월 중에서도 최대의 고비였다.

전기 사업에도 마인드가 필요하다

"변화의 대상이 아닌 변화의 주도자가 돼라!"

수배전반 사업에 뛰어든 뒤 항상 끊임없이 스스로를 채찍질했던 말이다. 그러나 이 마인드를 현실화시키기에는 너무 큰 난관이 있었다. 가장 큰 난관은 전기전력업계의 정체였다. 전자정보통신업계가 치열한 경쟁과 처절한 과정 속에서 성장한 것에 비할 때 전기전력업계는 상대적으로 온실 속의 화초였다. 이 때문에 미래를 준비하고 선도하는 신기술을 개발하기보다는 현실에 안주하고 변화를 싫어했고, 전자업계가 미래를 선도할 핵심 기술로 자리 잡는 동안 전기업계는 안전이라는 미명 하에 초라하기 짝이 없는 성과를 이룰 수밖에 없었다.

그렇게 업계의 무기력한 관행 속에서 애간장만 탈 때, 우연찮게 또 다시 한 줄기 빛이 내게 닿았다. 정부 조달청에서 우수한 제품에 대해 수의계약을 해주는 제도를 발견한 것이다. 그것은 실력으로 승부할 수 있는 길이 분명히 존재한다는 것을 여실히 보여주고 있었다.

이후 나는 발명특허와 기술개발, 각종 인증취득에 전념하겠다고 결심했다. 이를 통해 좀 더 큰 인정을 받겠다고 다짐했다. 그리고 꾸준히 연구와 개발을 진행한 결과, 매출의 40% 정도를 조달청과 계약하는 데 성공함으로써 기술개발 중심의 중전기 업체로서 5년 만에 세계적인 기술력을 과시할 수 있게 됐다.

지금도 나는 "그때 무식하게 뛰어들지 않았다면 지금처럼 IT 기술이 접목된 중전기 시장의 새로운 표준이 될 수 있었을까?" 생각하곤 한다. 물론 운도 좋았다. 하지만 우리의 가장 큰 성공 원인은 바로 올바른 선택, 신기술에 대한 열정 덕이었다는 것은 지금도 변치 않는 확신이다. 실제로 내게 신기술 개발은 사업을 이끌어가는 커다란 비전이었다. 전력 분야에 IT기술을 결합해 눈에 보이고 입으로 말하게 할 수 있는 새로운 전기 관련 기술과 상품을 선보이겠다는 꿈도 거기서부터 자라났다.

또한 경영자인 나뿐 아니라, 회사 전체의 경영 마인드가 바로 그 하나로 집중된 것도 우리 성장의 비결이었다. 조직 전체가 신기술 개발을 향해 박차를 가하고 시장조사와 연구개발을 진행하면서 결국 우리는 콤팩트 · 디지털 · 인터넷이라는 세 가지 컨셉을 추출해 업계에 일대 혁명을 일으켰다.

물론 처음 IT와 인터넷을 결합하겠다는 계획을 발표했을 때 선뜻 도와주겠다는 사람은 없었다. 당시만 해도 일반형 배전반이 주류를 이루던 때였는데 크기를 4분의 1로 줄이자는 파격적인 제안을 했으니 거절당한 것도 당연했다. 그러나 다행히도 현재도 협력 업체 관계를 맺고 있는 삼신기전의 양홍식 사장으로부터 큰 도움을 받고, 이후 2003년 1월 결국 수배전반 업계 최초로 우리는 '고효율에너지기자재 인증' 1호를 획득하는 데 성공했다.

2000년 11월 처음 기술을 제안하고 이후 26개월여 동안 진행된 전문가회의 및 공청회는 지금 생각해도 불꽃 튀는 치열한 공방전이었다. 우리의 수배전반을 고효율에너지기자재로 에너지관리공단에 제안하자 업계 안팎에서 우려의 시선이 터져 나왔다. 우리가 제안한 규격이 고효율에너지기자재로 채택되면 업계의 선두를 빼앗길지 모른다는 불안이 만연하다 보니 제재도 음해도 나날이 심해졌다.

사실 그 고효율 인증 제안 취지는 우리 회사의 이익을 넘어 업계 전체의 품질향상에 가장 큰 목적이 있었다.

그럼에도 치열한 시장논리에 길들여진 경쟁사들로서는 무언가 꿍꿍이가 있다고 생각해 우리의 제안을 곧이곧대로 받아들이려 하지 않았다.

결국 우리는 그들의 믿음을 얻는 것이 무엇보다도 중요하다고 확신했다. 그래서 케이디파워의 독자 기술을 고집하는 대신, 대화와 논의를 거쳐 2년여 만에 업계 전반의 합의를 이끌어냈다. 그렇게 인고의 세월을 넘어 드디어 업계 최초의 '고효율 수배전반'이 탄생했을 때 우리는 얼싸안고 눈물을 흘렸다.

그리고 아무도 가지 않고, 또 가기 싫어하는 길인 전기업계지만, 더 많은 이들이 이익을 얻을 수 있다면 흙먼지가 날리는 비포장 길이라도 가야 한다는 지론도 바로 이 때 생겨났다.

신뢰경영으로 성공의 길을 일구다

어떤 사업도 어려움 없이는 성장하지 않는다. 이것은 사업하는 이라면 누구나 공감할 만한 이야기일 것이다. 그러나 같은 난관과 어려움 속에서도 제각각 얻고 깨닫는 바는 모두 다르다. 그리고 바로 여기서 실패와 성공이 결정된다.

사실상 업계들의 불신, 잘못된 제도 등 고효율 인증을 받기까지 사람에 대한 신뢰를 잃을 뻔한 적이 한두 번이 아니었다. 하지만 3년간의 싸움에서 나를 지켜준 것은 '결국 진심이 이익보다 강하다' 는 진리였다.

고효율 인증이 공식적으로 발표되었을 때, 한때 나를 의심했던 이들조차도 축하와 신뢰의 악수를 보내왔다. 그것은 나 한 사람의 노력이 아닌 여러 사람이 조금씩 양보하고 보다 나은 방안을 향해 달려 나간 덕이었다. 그들과 악수를 나누면서 갑자기 나도 모르게 눈시울이 뜨거워졌다.

이후 나는 사업가가 지켜야 할 제 1 수칙도 '신뢰', 제 2 수칙도 '신뢰' 라고 입버릇처럼 말하곤 한다. 아무리 경영환경이 어렵고 시장이 나를 받아주지 않는다 해도 사람의 신뢰를 잃는 것보다는 덜 무섭다고 말이다.

또한 그 어떤 어려움도 서로 간의 신뢰라는 강력한 무기 앞에서는 한낱 스쳐가는 어려움이라고 말이다. 실제로 하루하루 회사가 성장할수록, 어려움을 딛고 나갈수록, 지금도 나는 이 진리를 항상 온몸으로 배우곤 한다.

현재 우리 회사는 홈페이지(www.kdpower.co.kr)를 열어 놓고 각 지점과 공장이 어떻게 움직이는지를 찍은 실시간 동영상을 공개한다. 또한 회사에 대한 모든 정보들도 투명하게 공개한다. 심지어 공장의 제조과정 전반도 마찬가지로 네트워크 카메라로 실시간 중계한다.

물론 이런 투명한 공개에 대해 말들이 없었던 것도 아니다. 어떤 이들은 경쟁 회사들이 그걸 보고 따라하면 어쩌나 걱정을 했지만 우리는 자신감이 있었다. 그래도 우리가 가장 열심히 뛰는 기업이며, 투명한 공개가 다른 기업들의 잘못된 경쟁 심리를 가라앉히고 나아가 고객을 끌어들이는 힘이 된다고 믿었기 때문이다.

실제로 우리 회사의 고객들은 인터넷을 통해 발주 제품의 공정률 확인은 물론 생산과정을 생산기술자와 바로 연결해 작업지시 및 중단까지 할 수 있다. 이렇게 믿고 맡기고 모든 과정을 살필 수 있으니 한 번 찾은 고객들은 등을 돌리지 않는다. 또한 우리도 제품이 어디에 설치됐는지, 제품에 이상이 있는지를 항상 고객보다 먼저 알아서 조치하기 위해 노력한다.

내게 가장 큰 복을 하나 꼽으라면 바로 인복일 것이다. 고효율 인증을 얻기까지의 어려운 과정에서 나는 여러 사람을 만났다. 그 중에 20년 전 쯤 처음 만나 사업을 시작했던 동료들과는 지금도 한 식구처럼 지낸다.

부와 명예가 전부인 세상에서 내가 어려울 때나 좋을 때나 20년을 한결처럼 함께 해준 이들 앞에서는 지위고하를 막론하고 자연스레 고개가 숙여질 수밖에 없다.

이들은 내게 사업에서 성공하기 위해서는 첨단 기술보다 인간의 신뢰가 중요하다는 것을 자신들의 삶으로 가르쳐 주었다. 그리고 이런 이들이 곁에 있는 한, 결코 작은 이익을 얻겠다고 신의를 저버리는 짓을 할 수 없을 것이다.

현재 우리 회사는 170여 명의 임직원이 근무하고 있으며 협력업체는 120개에 달한다. 이들은 말 그대로 우리 기업의 식구며, 내게는 이 식구들에게 최선을 다해야 할 의무가 있다. 임직원들에게 더 많은 교육 기회를 제공하게 된 것도 그런 이유에서다. 일시적인 금전적 혜택보다는 각자의 실력과 능력을 키워주는 것이 경영자의 몫이라고 생각했기 때문이다.

사업을 시작할 때 나는 '대한민국 경제의 5%를 분명히 책임지겠다' 라는 모토를 내세운 바 있다.

그리고 실제적으로도 국내 중소기업들 중에 중전기기업계의 1위 자리를 확보하고 있다. 이것은 전망이 불투명했던 10여 년 전부터 함께 해준 주위의 후원자들과 철벽같이 든든한 임직원들 덕이다. 이들이 바로 눈에 보이지 않는 전기를 '눈에 보이는 전기' 로 만든 것이다.

고객에 대한 신뢰경영도 결국은 경영자의 주변 관계로부터 시작된다. 가까이 있는 임직원과 신뢰를 주고받는 것을 연습하면, 경영자도 변하고 임직원도 변한다. 임직원이 변하면, 그것이 번져 업계도 변한다. 업계가 변하면, 그것이 고객과의 신뢰를 만들어내는 강력한 바탕이 된다. 또한 고객과의 신뢰가 완성되면 그것이 곧바로 기업과 업계의 꾸준한 성장으로 이어진다.

즉 모든 사업에서 인간과의 신뢰는 가장 훌륭한 선순환의 기적이며, 이것을 갖추지 못한 경영자나 기업은 처음에는 성장할지 몰라도 시장에서 곧 도태될 수밖에 없다. 그리고 이 책 또한 지금껏 케이디파워를 일궈오는 데 도움을 준 모든 사람들과 그들 사이의 신뢰와 열정에 대한 이야기다.

단순한 경영기술을 전개하는 것을 넘어 작은 기업이 혁신을 거쳐 규모뿐만 아니라 질적 성장까지 이룰 수 있다는 신념을 보여주는 책이 될 것이다.

지금도 이 땅에서 수많은 이들이 어려운 상황에서 힘든 고비를 넘으며 각자의 업계를 지켜가고 있다. 그리고 이 책은 비단 내가 몸담은 전기업계뿐만 아니라 시장에 존재하는 모든 업계와 모든 사업, 심지어 구멍가게 하나를 운영하는 경영자라도 반드시 갖춰야 할 마인드가 있으며, 결국 그것이 기업 전체를 살리는 힘이 된다는 것을 강조할 것이다.

1장은 현실 분석에 입각한 기업의 이념을 제시하고, 2장에서는 변화를 주도하는 기업 개념을 설명할 것이다.

3장은 직원들에게 들려주고 싶은 메시지들, 4장은 중소기업이 어떻게 이 땅에서 살아갈 수 있는지 경영 리더십을 말할 것이다.

마지막 5장은 현재 케이디파워가 추구하는 드림소사이어티에 대한 개괄도다.

이 땅의 모든 사업가들에게 고난 뒤에 커다란 성취가 있기를 바라며, 이 책이 나와 함께 이 길을 걸어온 케이디파워 사람들 모두에게 힘과 희망이 되기를 바라는 간절한 마음을 밝히고자 한다.

마지막으로, 소중한 인생을 담보로 케이디파워에 운명을

함께한 임직원 분들, 그리고 각 분야에서 최고의 가치창출을
시도하며 역할분담을 해주시는 협력 관계자 대표님과 임직원
분들께도 충심으로 감사드린다.

2009년 11월 10일

KTX 부산행 동대구 역을 지나며   박 기 주

1 장

무조건 이기는
조직은 없다

조직도 마찬가지이다. 결국 늘 승리하지 않고도, 늘 패배하지 않

는 조직을 만드는 법은 어쩌면 아주 단순하다. 실패의 요소들을

제거하고, 승리를 독려할 수 있는 요소들을 가까이 두기 위해 노

력하는 것이다.

최근 우리 경제를 덮친 불황은

그 끝을 모른 채 달려가고 있다. 경제지표의 하락과 국가경제의 적자 상황, 치솟는 환율과 물가 등 불안의 요소들이 끊임없이 발생하는 상황이다. 이럴 때 경영자들에게는 하루하루가 더더욱 살얼음판일 수밖에 없다. 더군다나 무한경쟁이라는 세계화 환경 아래 나날이 치열해지는 각 업계들의 경쟁 속에서 이제 단순해서는 결코 성공할 수 없다.

그러나 비단 어려운 환경이 아닌 설사 호황이라해도, 언제나 승리하는 조직이란 애초에 없다. 모든 조직의 성공은 꾸준한 실패의 극복, 더 나아가 진화 속에서 거두어지는 값진 열매일 뿐 결코 상황이나 운 때문이 아니다. 인생과 마찬가지로 조직의 역사도 장거리 릴레이며, 과거와 현재 미래의 바통을 주고받는 일이다. 그 와중에 넘어지고 쓰러지는 일이 왜 없겠는가?

나는 누구에게도 항상 승리하라고 말하지 않는다. 더 중요한 건 실패를 어떻게 극복해서 그것을 시행착오로 더 발전하는가다. 다시 말해 잘못된 과거가 있다면 철저하리만큼 '빠르고 완전하게' 그것을 잊고, 새롭게 정비를 시도해야 한다. 실패할 사람과 실패할 요소가 많다면 강력한 '실패 탈수기'를 돌려 제거해야 한다.

나는 옛날이나 지금이나 실패하지 않기 위한 가장 중요한 원칙들을 정해놓고 있다. 이를테면 정치하는 사람과 이를 지향하는 사람 곁에 얼씬거리지 않을 것, 언론과 그 하수인인 일부 기자들 곁에서는 숨도 쉬지 않을 것, 진실되지 않은 사람과 겸손하지 않은 사람과는 사귀지 않을 것, 부정적인 생각과 언어로 가득찬 사람은 전화번호까지 지워버릴 것, 바른말에 귀를 기울이지 않는 사람은 두 번 다시 상대하지 않을 것 등이다.

조직도 마찬가지다. 늘 승리하지 않고도, 늘 패배하지 않는 조직을 만드는 법은 어쩌면 아주 단순하다. 실패의 요소들을 제거하고 승리를 독려할 수 있는 요소들을 가까이 두기 위해 노력하는 것이다.

사소한 것들에 귀 기울여라

눈에 보이는 것보다 눈에 보이지 않는 것이 크다는 말이 있다. 높은 직급일수록 눈에 보이지 않는 사소한 변화들에 귀를 기울여야 하는 것도 세상에는 이 눈에 보이는 것과 눈에 보이지 않는 것이 똑같은 중요성 하에 존재하기 때문이다.

세상에는 아날로그 세상과 디지털 세상이 존재한다. 아날로그 세상은 유연함과 시간의 공백이 많은 세계, 후자는 정확함과 빠른 효율성이 중요시되는 세계다. 그리고 전자의 아날로그 세상을 볼 줄 아는 눈이야말로 복잡한 시대를 살아가는 가장 중요한 힘이다.

우리는 대개 문제에 닥쳤을 때 디지털적인 해법을 선호한다. 나도 마찬가지다. 손쉬운 선택과 빠른 해결책만큼 큰 유혹이 없다. 효율성이 강조되는 세상이다 보니 그럴만도 하다. 그러나 1 + 1=2의 세계에 문제에 대한 빠른 해답은 있을지언정 더 풍부한 해답이 있을 리 만무하다.

반대로 아날로그 세계에는 맞다 틀리다 식의 디지털 판단이 아닌 깊고 웅숭깊은 감정과 원리의 세계가 있다. 그곳은 또 다른 판단의 영역과 공간이 존재하는 공간이자 논리로 설명할 수 없는 공간이다.

사실 이런 감성들은 결코 쉽게 노출되거나 눈에 보이지 않는다. 다시 말해 오감을 곤두세우고 바라보지 않으면 쉽사리 판단의 그물에 걸려들지 않는 것이다. 그러나 바로 그곳에 사람과 세상을 움직이는 핵심 동력인 감성이 존재한다.

내가 존경하는 명승건축의 이순조 회장님은 사람과 사람 사이의 세밀한 관계에 치밀할 정도로 섬세하다. 모임을 주관할 때는 백지에 참여자의 이름은 물론 소속 회사 로고까지 프린트해서 놓는다. 그뿐인가. 테이블 위 촛불 색깔, 음료의 종류와 메뉴 순서까지 맞춤으로 내놓는다.

대우건설 신훈 부회장님도 마찬가지다. 그는 사적 모임에서도 식순까지 세세히 챙긴다. 또한 중앙일보 논설위원인 정진홍 위원은 세리 CEO조찬 강의 1시간을 위해 한 달 동안 고민하며 파워포인트 토씨 하나까지도 가다듬는다.

이 모든 것은 상대의 작은 반응과 목소리에서 기회를 찾고자 하는 철저한 프로의식에서 나오는 섬세함이다. 사실 높은 직급의 사람들 중에 '잔잔한 일'이나 작은 목소리에는 신경 쓰지 않는 이들도 얼마든지 있다. 하지만 나는 그런 이들이 그 자리를 오래 지키는 경우를 거의 보지 못했다.

또한 경영자뿐만 아니라 그와 함께 하는 조직 전체가 그런 섬세함을 지녀야 할 때도 있다. 예를 들어 첫 만남이 성공의 출발선이라는 점은 사회초년생도 다 아는 사실이다. 실제로 첫 만남의 인상은 8초 이내에 결정된다. 악수를 하기 위해 손을 잡는 찰나, 눈이 마주치는 첫 대면에서 이미 성패가 완결되는 것이다. 또한 예민한 고객들은 전화 목소리 톤 하나에서도 그 기업의 서비스와 문화와 담당자의 모든 것을 읽어낸다. 무섭지 않은가?

언젠가 회사에서 멋진 300호 추상화를 구입한 적이 있었다. 그걸 적합한 장소에 걸어 달라고 부탁했는데, 다음날 보니 약 3m 폭의 좁다란 복도 벽에 덩그러니 걸려 있었다. 왜 거기에 걸었냐고 물어보니 사람들이 가장 많이 다니는 곳이라서 그랬다는 것이다. 나는 고개를 갸우뚱했다. 캔버스 크기가 큰 작품은 그에 비례하는 넓은 전시 공간이 걸맞는다. 알듯 모를 듯 모호한 추상화의 경우는 멀리서 전체를 살펴야 하기 때문이다. 그런데 300호가 넘는 대형작품을 3m정도의 좁다란 폭에 걸면 보는 사람들이 무엇을 감상하고느낄 수 있겠는가?

나는 저녁을 먹을 때 사람들이 많이 모인 식당에 가면 습관적으로 손님들을 살핀다. 우선 눈동자가 맑은지를 보고 옷매무새를 본다. 넥타이가 목에 깊숙하게 매어져 있는지, 컬러는 상의와 어울리는지도 본다. 또한 다리를 꼬고 앉아 젓가락으로 밥알을 세고 있는지, 식사하고 난 다음 숟가락의 정리정돈과 빈 그릇 상태는 어떤지도 무심결에 살핀다.

물론 결벽이라고 한다면 할 말은 없다. 그러나 무의식으로 하는 행동은 그의 마음과 정신의 상황까지 투영해 보여준다. 그의 마음속 리트머스 지는 무슨 색깔인지, 성공에 가까운지 실패에 가까운지 그 무의식적인 행동만으로도 어느 정도는 가늠할 수 있는 것이다. 그리고 이런 직감은 대개 틀리지 않는다. 일마다 실패하는 사람은 그럴 수밖에 없는 모습을 보이고, 하는 일마다 성공할 수밖에 없는 사람은 그에 상응하는 행동을 한다. 즉 무의식 중에도 자신을 잘 통제하는 사람은 자신과 세상에 대해 믿음이 강하고 어떤 환경에서도 모든 것을 잘 흡수해 자기 것으로 만드는 데 능한 이들이다.

그리고 이처럼 상대의 리트머스 지 빛깔을 구분하는 직관의 힘은 큰 직급의 사람들에게 더 필요하다. 그래야 그 자신뿐만 아니라 조직의 일에서도 성공 요소를 높이고 실패 요소를 제거할 수 있기 때문이다. 다시 말해 리더란 섬세한 조율을 통해 인간관계 나아가 조직을 통합할 줄 아는 사람이며, 어떠한 순간에도 보이는 것과 보이지 않는 것을 종합해 '명확한 판단'

을 내릴 줄 아는 사람인 셈이다.

7가지 케이디파워 첫 만남 비즈니스 행동 지침

1. 고객을 만나기 전 목표를 선명하게 화판에 그림 그리듯 실행하여 준비하라.

▶ 진지하지 못하고, 신뢰하지 못하면 비즈니스는 절대 성공하지 못한다.

2. 케이디 명함은 정자로 이름을 바르게 쓰고 상대방 입장에서 보이도록 전하라.

▶ 아침에 청색 글씨로 명함을 직접 만든다. 상대의 명함은 얼굴이다. 낙서하거나 삐뚤어지게 놓지 마라.

3. 미소와 함께 눈은 상대의 눈과 마주쳐라. 그리고 인사는 90도로 공존하게 하라.

▶ 명함을 건넨 후 뒤로 한 발짝 물러나 인사하는 것은 기본이다. 세련된 인격이다.

4. 대화 시 나이 불문하고 공손하게 존경하는 마음으로 존칭을 반드시 써라.

▶ 반말 비슷하게 하는 것은 자기 얼굴에 번데기 던지는 격이다. 낭패로 되돌아온다.

5. 회의 중 볼펜을 돌리거나, 전화를 받거나, 다리를 뒤틀고 않는 행위를 금하라.

▶ 상대를 무시하고 인격을 짓밟고 거부하는 가미가제 자살행동 이다.

6. 상대방의 입장에서 판단하고 대화하고 준비하며 우리입장에서 결정하라.

▶ 모든 사람은 개인 이기주의자이다~하지만 여기에 성공적인 빈 틈의 키워드가 있다.

7. 나무와 숲을 동시에 지향해야 숲의 주인이 된다.

▶ 세상의 1%만 성공한다. 그것이 절대공식이다. 바로 숲을 보고 길게 사는 사람들이다.

매출액은 목표가 될 수 없다

매출액은 회사의 성장을 보여주는 가장 기본적인 지표다. 이윤추구가 목적인 영리기업에서 매출을 도외시한다면 그 회사는 결코 유지될 수 없을 것이다.

그러나 한 가지 더 기억해야 할 게 있다. 매출은 그것만 목적으로 할 때는 결코 도달할 수 없는 기이한 신기루라는 점이다. 매출액은 결과적으로 그 조직의 탄탄함과 성실함, 상품과 서비스의 품질, 더 나아가 조직 마인드의 총합이다. 일시적으로 올라간 매출액도 이런 바탕이 잘 구축되어 있지 않으면 언젠가는 곤두박질친다. 다시 말해 진심으로 꾸준한 매출액 증대를 기대한다면, 겉치레에 치중해 트렌드에 영합하기보다는 상품과 서비스, 마인드와 같은 밑바닥 벽돌부터 제대로 쌓아야 한다.

내가 출장을 자주 가는 곳 중에 하나가 제주도다. 제주도에는 휴양지답게 멋진 호텔이 즐비하다. 신라호텔, 롯데호텔, 하얏트호텔, 지중해풍의 스위트호텔까지 그야말로 호텔의 천국이라고 해도 과언이 아니다.

그런데 이 호텔들은 나름의 특장점이 다 다르다. 롯데호텔은 건축된 지 얼마 되지 않은 곳으로 규모와 시설, 화려함과 웅장함이 타의 추종을 불허한다. 나도 모르게 이끌려 안으로 들어가 보니 로비는 더 화려하다. 이집트 왕들이 사는 궁궐도 이보다는 멋지지 않겠구나 싶을 만큼 벽은 금장으로 장식되어 있고, 높은 천장에서 내려온 샹들리에가 주변의 온갖 빛을 모아 금장 벽을 더욱 황홀하게 비춘다.

하얏트호텔은 13층 높이의 천장 끝까지 건물 내부가 뻥 뚫려 있어 천장의 중정 끝과 노출된 엘리베이터가 눈에 띄고, 시

원스럽게 만들어진 연못이 어우러져 웅장함과 아름다움이 적절히 조화된 풍경이 압권이다.

또한 스위트호텔은 지중해풍의 잔잔한 타일 벽돌로 섬세하게 건축되어 이국적인 감성을 물씬 풍기는 자태가 한번 눈을 두면 꿈쩍 못하게 만든다.

그에 비하면 신라호텔은 낮은 건물에 아이보리 톤의 페인트로 단장되어 있어 그다지 볼품이 없다. 지붕은 흐린 적색의 오지 황토기와 지붕으로 마감되어 있을 뿐 눈에 띄는 화려함은 없다. 그런데도 이 신라호텔에는 거역할 수 없는 매력이 있다. 일단 내부로 들어서면 '아, 역시 신라호텔이구나' 하는 감탄이 절로 나온다. 직원들의 절제된 까만 가운과 벽장식 등 소박한 가운데에도 편안함에 품격을 더하고 있다. 그리고 투자한 비용과 현재의 고객만족도의 상관관계, 그리고 이에 따른 비용 지불 면에서 따져 볼 때 내가 단연코 최고라고 꼽는 곳이 바로 이 신라호텔이다.

출장 중 아침밥을 먹으려고 3층의 한식 식당 갔을 때였다. 배가 고픈 와중에 주문을 했는데 어떤 메뉴를 주문해도 5분을 넘기지 않았다. 미리 철저하게 준비하지 않았다면 절대 음식이 나올 수 없는 시간이었다. 아마 이 호텔 식당 측은 배가 고파

식사를 기다리는 데 5분을 넘기면 화가 슬슬 난다는 것도 잘 알고 있을 것이다. 게다가 밥이 너무 맛있어 공기 밥 한 그릇을 추가로 시켰는데 계산 때 보니 무료였다. 나는 최소 몇 천 원 이상 받을 수 있는 공기밥을 그냥 제공한 이유를 물어보았다. 그러자 돌아온 대답은 이러했다.

"4인이 들어와 2인분 찌개를 시키고 밥을 추가하면 돈을 받습니다. 하지만 정식으로 주문해 부족한 밥이라면 개인의 양에 따라 얼마든지 다를 수 있기 때문에 무료입니다."

들어보니 이런 판단은 '도우미의 절대적 권한'이라고 했다. 식당 자체에서 이것저것을 지시하고 경직된 운영을 하는 대신, 성심성의껏 고객을 모시는 도우미들이 자기 손님에 대해 절대적인 자율권을 가질 수 있다는 것이 놀라웠다. 말 그대로 현장 중시 경영이었다.

나는 이런 작은 차이가 모여 신라호텔의 경쟁력을 만들었음을 깨달았다. 직원 한 사람 한 사람이 고객을 추종하며 읽고 대응하는 조직 문화가 정착되어 있었던 것이다. 즉 신라호텔이 수수한 외관에 비해 국내 호텔에서 높은 지위를 차지하게 된 이유는 '고객의 요구를 읽는 섬세함, 발 빠르고 감성적인 맞춤 서비스'였다. 그리고 이런 차별화가 이미 20년 전 지어진

구 모델의 신라호텔에 최고급 내외장재로 치장한 다른 호텔에
서는 찾아볼 수 없는 품격과 격조를 부여하고 있었다. 만일 돈
으로 고객을 끌어 모으려 했다면 아마 이 호텔도 더 화려한 외
관으로 장식하고 호객 행위에 몰두했을 것이다.

그러나 신라호텔은 그럴 필요가 없었다. 이미 조직 자체에
고객을 우선시하고 섬세하게 배려하는 마인드를 구축하고 고
객 위주의 업무 프로세스를 내재화함으로써 신축 고급 인테리
어보다 곱절은 강력한 무기를 구축한 것이다. 이것이야말로 신
라호텔이 높은 고객 만족도와 대한민국 최고 1등 호텔이 될 수
있었던 가장 큰 바탕이며 근거였다.

기업도 마찬가지다. 가장 중요한 것은 화려한 마케팅으로
순간의 매출을 올리는 것이 아니라 기본적인 제품의 성능과 품
질 수준에서 고객의 요구에 눈과 발을 맞추는 일이다. 고객의
심층적 바램을 읽어내고 실행하는 일을 게을리 해서는 안 된
다. 행동 하나, 숨 쉬는 소리 하나, 마음에 흐르는 생각이 나타
나는 눈빛 하나에도 경쟁업체들과는 다른 '신뢰와 겸손의 덕'
이 배어 나와야 한다. 대부분의 고객들은 전화 목소리만 들어
도 그 기업을 읽어내는 날카로운 촉수를 가지고 있음을 인식해
야 한다.

즉 매출액의 증대란 것은 다른 게 아니다. 그런 섬세한 노력과 서비스가 고객 만족으로 이어지고, 그것이 다시 구전으로 전파되고, 그 구전에 제품 판매에 영향을 미치는 선순환의 결과다. 다시 말해 행동한 대로 거둔다는 격언을 매출 목표보다 먼저 생각할 때, 그 기업은 더 크게 성장할 수밖에 없다.

* 열정의 차이가 기적을 만들어낸다

우리는 조직에서 능력 있는 사람으로 인정받고, 높은 보수를 받기를 원한다. 그래서 때로는 이직도 하고 더 높은 보수를 찾아 떠돈다. 그러나 세상은 결코 녹록치 않다. 때로는 능력을 인정받지 못할 때도 있고, 능력만큼 보수를 못 받을 때도 있다. 이럴 때는 더 좋은 기회를 만날 수 있도록 능력을 가다듬는 수밖에 없다.

그런데 대부분은 이럴 때 불만을 가지기 쉽다. 자기 겸양과 능력에 대해서는 과대평가를 하면서, 자기 부족함과 게으름을 외부의 탓으로 돌리는 것이다. 단언컨대 그런 이들은 어디를 가도 결코 원하는 인정과 보수를 받기 어렵다. 안타까운 일이지만, 매번 일이 잘 안 풀린다고 투덜대는 이들을 객관적으로 살펴보면 운이 나빠서라기보다는 그의 실제 능력이 그가 원하는 만큼의 인정과 보수를 따라가지 못하는 경우가 훨씬 많기 때문이다.

그렇다면 자신의 능력을 알고 더 인정받는 사람이 되기 위한 첫째 조건은 무엇일까? 만고의 진리처럼 여겨지는 '불꽃열정'이다.

사실 우리는 살다 보면 항상 여러 적을 상정할 수밖에 없다. 급박하게 변하는 주변 상황, 나보다 실력 있는 경쟁자, 한 치 앞도 알 수 없는 미래의 불분명함, 이 모두가 때로는 발목을 잡는 덫이 되고 성장을 가로막는다. 그러나 이 모든 외부의 적보다 무서운 것이 있다. 바로 나 자신, 내부의 적이다. 미래를 꿈꾸느라 현재의 소중한 시간을 낭비하는 사람, 미래에는 찬란한 성공이 있으리라는 근거 없는 낙관주의에 젖은 사람, 이들은 그 미래를 만들어내는 것이 오늘의 시간이라는 것을 인정하지 않는다. 그리고 아무것도 긴박하게 느껴지지 않기 때문에 지금 하는 일에는 반쯤만 열중한다.

하지만 가장 훌륭한 변화는 자신을 벼랑 끝에 세우면서 벌어진다. 시간이나 자원을 허비하기에는 위험 부담이 큰 상황에 스스로를 놓는 것이다. 그처럼 자신에 대한 기준을 높이 세워 패배를 용납하지 않게 되면, 실제로도 패배하지 않을 가능성이 높아진다. 중요한 것은 거기에는 논리도, 비판도 필요 없다는 점이다. 필요한 것은 일단 달려드는 자세뿐이다.

앨빈 토플러는 이렇게 이야기한다. "논리를 피력함에 있어 비판적인 관점을 유지하는 것은 현명한 척하는 가장 손쉬운 방법이다." 심지어 헬렌 켈러도 이렇게 말한다. "비관론자가 천체의 비밀이나 해도에 없는 지역을 항해하거나 인간 정신세계에 새로운 지평을 연 사례는 단 한 번도 없었다." 미국 34대 대통령을 지낸 아이젠하워 역시 2차 세계대전을 끝내고 이렇게 단언했다.

"비관론자인 장군이 전투에서 승리한 예는 없다."

물론 비판적인 관점도 필요할 때가 있다. 그러나 열정을 품고자 한다면 생산적이지 못한 지속적인 비관주의와는 결별할 필요가 있다. 고난을 두려워하지 많고 스스로를 담금질하고, 1%의 희망만 있어도 달리는 사람, 그런 사람에게만이 진정한 열정가라는 이름을 붙일 수 있을 것이다.

프랑스에서 매년 열리는 도로 일주 사이클 대회인 '투르 드 프랑스'에서 7연패로 승리한 랜스 암스트롱을 보자. 이 경기는 자그마치 3천500여 킬로미터를 약 3주 동안 달리는 죽음의 레이스다. 서울에서 부산을 네 번 왕복하는 거리 정도이다. 그러나 이 경기는 거리만 난관이 아니다. 코스 자체도 피레네 산맥과 알프스 산맥을 넘나드는 죽음의 코스다. 그리고 이 경기에서 암스트롱은 분명 이 세상에는 기적이 존재한다는 것을 온몸으로 증명했다.

그는 25세가 되던 해인 1996년 고환암에 걸려 사경을 헤맸다. 암은 세계 톱 5에 들 정도로 전도유망한 사이클 선수였던 그로부터 모든 것을 앗아갔다. 암세포가 뇌와 폐까지 전이되어 사이클을 타기는커녕 침대 위에서 뒤척이는 것조차 힘들었다. 고환암은 치사율 49퍼센트의 암으로 당시 그의 상태는 회생 가능성이 희박했다.

그러나 첫 번째 놀라운 일이 일어났다. 고환 한쪽과 뇌 조직 일부를 제거하는 대수술을 받은 암스트롱이 기적적으로 살아난 것이다. 당시 의사들은 그가 수술 후 생존했다는 사실 자체가 기적이라고 입을 모았다.

그러나 암스트롱은 거기에 만족하지 않았다. 그는 지독하게 항암 치료를 계속했다. 이때 두 번째 기적이 일어났다. 농담 섞인 그의 말처럼 암이 번지수를 잘못 찾았는지 결국 그는 암과의 사투 끝에 다시 사이클 페달을 밟게 되었고, 1999년 인간 한계의 시험장이자 죽음의 레이스라 불리는 투르 드 프랑스에

출전했다. 그리고 극적으로 우승했다.

뿐만 아니라 그는 다음해, 다다음해, 그리고 최근 2005년까지 총 7연패의 위업을 달성했다. 불과 10년이 되지 않는 세월 속에서 죽음의 고비를 넘기고, 다시 사이클 페달을 밟고 죽음의 레이스 7연패를 이룩한 무려 9번의 기적을 이뤄낸 셈이다.

당시 언론이 분석한 객관적 이유는 세 가지였다. 첫째는 암스트롱의 놀라운 심폐 기능, 둘째는 요한 브뤼닐 감독의 완벽한 작전, 셋째는 팀 동료들의 희생에 기반한 팀플레이였다.

하지만 이것만이 전부는 아니었다. 거기에는 보이지 않는, 숨겨진 1인치와 같은 또 다른 이유가 있었다. 바로 "단 1%의 희망만 있어도 달린다"는 결연한 의지와 열정이었다.

사람들은 절반의 가능성 앞에서도 그것을 할까 말까 망설인다. 하지만 그는 단 1%의 가능성과 희망만 있어도 주저 없이 도전하고 달렸다. 바로 그것이 사경을 헤매던 고환 암 환자를 누구도 이루지 못한 투르 드 프랑스 7연패의 주인공으로 세우는 기적을 일으켰다.

부정을 긍정으로 변화시킨 마음의 연금술, 몸으로 싸워나가는 열정은 이처럼 생각지도 못한 기적을 만들어낸다. 지금 당장 주어지는 보수가 적다고, 누군가 나를 인정하지 않는다고 슬퍼하거나 불평하기 전에, 나는 내 인생의 레이스를 얼마나 열정적으로 달렸는가, 부정을 긍정으로 전환시키고 단 1%의 희망만 있어도 달린다는 결연한 각오를 해봤는가를 살펴야 한다. 그리고 바로 이런 각오를 갖추고 자신을 절벽 위에 놓으면 직장에서뿐만 아니라 그 자신의 인생 레이스에서도 얼마든지 챔피언이 될 수 있다.

신뢰하는 경영 시스템이란

몇 년 전에 읽었던 『경호』라는 책이 있다. 이 책에서는 성공하고 신뢰하는 조직의 특성을 다음과 같이 정의하고 있다.

> * 목표를 분명하게 정하고 나아가는 **'다람쥐 정신'**
> * 서로를 위하며 격려하는 **'비버 정신'**
> * 먼 길을 역할 분담하며 나아가는 **'기러기 정신'**

한국의 관리자 중에 40%는 업무보고와 업무 파악에 지나친 시간 낭비를 하고 있다고 호소한다. 이는 의사결정 및 정보전달에 업무 역량의 많은 부분을 소진하고 있다는 뜻이다.

우리는 정보가 넘쳐나는 시대에 살고 있다. 긴급한 정보, 중요한 정보, 경영정보, 기술정보, 당장 실행해야 할 일과 그렇지 않은 일, 이루 헤아릴 수 없는 '복잡계 정보 환경'에 살고 있다. 그런데 놀랍게도 이 정보들 가운데 80%는 필요 없거나 덜 다급한 정보라는 연구결과가 있다. 즉 효율적인 경영환경을 조성하려면 우선순위가 산재한 가운데서 알토란같은 정보만 차곡차곡 정리해 관련부서와 협조하고, 그것이 회사의 정책 방향과 맞아야 한다.

그러나 이 모든 일치된 필터기로 솎아내기란 쉽지 않은 과제다. 단기적인 부분부터 장기적으로 보이지 않는 부분까지 나열한다는 것은 모래알 가운데 반듯한 정사각형 모래를 찾는 일이나 다름없고, 그것을 서로 공유하는 일도 쉽지 않다.

그렇다면 이런 정보와 업무의 홍수 속에서 일관된 힘을 가지고 조직 전체가 적절한 톱니바퀴로 굴러가려면 무엇이 필요할까? 바로 서로에 대한 신뢰에서 비롯되는 업무의 권한이양이다.

우리 회사에는 특별한 성장기법이 있다. 시나리오 경영, 스마트 경영, 사이버 경영이 그것이다. 첫째, 시나리오 경영은 철저하게 방향을 선별하고 세세한 부분까지 기획하고 그것을 하위조직까지 공유하는 철저한 기획 중심의 경영이다.

둘째, 스마트 경영은 연구개발, 제조, 마케팅 등의 면에서 가치 공동체를 구축하고 수평적인 역할 분담을 통해 한 방향 문화를 공유하는 경영이다.

셋째, 사이버 경영(e 프로세스)은 명확하고 빠른 의사전달을 위해 항상 개방된 네트워크 공간을 유지하고, 그것을 실행으로 연결시키는 경영을 말한다. 여기에서는 개인의 패턴까지도 모두 공개하고 읽을 수 있다.

구슬이 서 말이라도 꿰어야 보배라는 말이 있다. 경영자의 경영 철학이 아무리 훌륭해도 그것이 직원들에게 뿌리를 내리지 않으면 아무 소용이 없다. 실제로 짐 콜린스는 『좋은 기업에서 위대한 기업으로』라는 책에서 위대한 11개 기업들은 한결처럼 임직원들이 한 방향의 문화를 공유하고 있다고 지적한 바 있다. 그리고 앞선 세 가지 경영 기법과 임직원의 노력과 땀으로 우리는 중전업계에서 매년 30~60% 이상의 성장률을 기록했고, 업무 프로세스의 최적화와 셀프 리더십을 통하여 신속한 의사결정과 투명경영으로 매우 보수적인 전기업종의 제조업에서 "가장 빠르게 변화되는 산업의 리더"로 탈바꿈 할 수 있었다.

흔히 많은 기업들이 착각하고 있는 부분이 있다. 외부의 고객들에게만 신뢰를 지키면 인지도를 얻을 수 있다는 믿음이다.

그러나 나는 신뢰경영의 가장 기초는 위의 사례들처럼 내부 경영의 신뢰에서 비롯된다고 믿는다. 또한 그러려면 커다란 줄기를 공유하고 각자의 업무를 권한이양해 서로의 자율권과 가능성을 극대화해야 한다. 흔히 윗사람들은 권한이양을 하고 싶고, 또 그렇게 했는데도 아랫사람들이 그것을 제대로 이행하지 못한다고 불평한다. 그래서 권한이양을 한 뒤에도 작심삼일, 곧바로 그 권리를 회수하거나 흐지부지 무마시켜버린다.

물론 권한이양이 쉽지 않은 것은 사실이다. 그러나 강력한 신뢰를 통한 권한이양은 신뢰경영을 추구하는 기업들이 반드시 거쳐야 할 난관이다. 하지만 여기에도 한 가지 문제가 있다. 만일 권한이양을 받을 만한 능력이 없는 사람을 고르게 된다면? 믿고서 맡겼는데 오히려 일을 더 망가뜨리거나 회복불능 지경으로 이끈다면 낭패일 것이다. 경험이나 이력으로도 적합한 인재를 고를 수 있겠지만, 중요한 일을 맡기기에는 그것만으로는 미덥지 않다. 더구나 검증 시간이 짧은 경우나 인재난에 시달리는 중소 기업인에게 그런 권한이양은 그림의 떡이고 달나라의 옥토끼일 뿐이다. 이때 실패를 대폭 줄이는 방법이 있다. GE의 전 회장 잭 웰치는 이렇게 말했다.

"조직에 원하는 바가 있다면 열 번을 반복하라. 매 순간

10%만이 이해하고 따라준다. 경영은 실행이며 승리하고 싶다면 더 적게 생각하고 더 많이 행동해야 한다."

목표와 권한을 정하는 회의가 필요하다면, 무엇보다 해당 회의 책임자가 회의록을 작성해 즉시 배포하고 모두가 공유해야 한다. 우리 회사의 경우는 직접 개발한 E 프로세스 업무 지원 프로그램을 회의 공유 도구로 사용한다. 회의에 들어가기 전 회의록을 미리 사이버 상에 올리고 그 결과 또한 사이버 상에 공개해 공유하는 것이다. 또 하나, 관리 층을 대폭 줄이는 일도 필요하다. 실제로 관리 층을 줄이고 업무를 재편하자 그것만으로 일반관리비용을 18% 줄였다는 통계가 있다.

다시 말해 사이버 공간 공유를 통한 효과적인 업무 공유와 권한이양만으로도 조직 내의 업무 능력을 10배 이상 키울 수 있다. 또한 권위주의와 관료주의를 배격하고 책임자와 그 책임 권한을 이양 받은 이가 모두 최고의 성과를 도출할 때, 그 회사는 위대한 회사가 될 수 있다.

실제로 나는 지난 10년간 회의의 목적과 구체적인 운영방법을 다음과 같이 정해놓고, 내가 참여하는 회의는 직접 회의록을 작성해 회의 종료와 동시에 배포하는 일을 실행해왔다. 다음은 이 과정에서 내가 세운 3가지 원칙이다.

하나, 회의의 목적은 정보공유와 목표설정을 위한 것이다.

둘, 회의록은 담당 및 일정을 기록해 명확하게 작성한다.

셋, 회의 책임자는 반드시 회의록을 직접 작성하고 즉시 공유한다.

다시 말해 서로의 실행력을 북돋우는 회의가 탁상공론으로 끝나지 않으려면 명확하게 사전에 목표를 정해야 한다. 또한 회의 내용이 단순 나열되거나 말하기 좋아하는 사람들의 장터로 변질되는 것을 막아야 한다. 회의는 단순한 시간 때우기가 아니라 비 정렬된 아날로그 신호를 디지털 신호로 바꾸어 의사결정의 과정으로 이끌고, 책임자의 업무 몫을 분명하게 정해 회사의 귀중한 물적, 시간적 낭비를 줄이면서 기회의 다이아몬드를 찾는 일이라는 점을 모두에게 명확히 해야 한다.

또한 회의록은 '의사결정'의 공유에 큰 도움이 되는 만큼 가장 많은 정보량을 가지고 방향타 역할을 하는 최고 책임자, 조직을 책임지는 리더가 작성하는 것이 기본이다. 계량과 수치의 목표설정, 구체적이며 세부적인 일정관리는 기본이고, 중요한 업무담당자를 실무책임자와 총괄책임자로 구분해 동시에 관리해야 한다.

또한 이를 꼼꼼히 기록해 담당자와 전략의 필요성과 달성 이후의 결과까지 협의하고 공유해 해당 팀원들이 목표달성에 더 분발하게 도와줘야 한다. 회의록은 해당부분의 최고경영자가 깊은 관심을 가지고 직접 작성하고 공유하는 일들이 잘 되겠는가? 사원이 작성하여 그저 기계적으로 의지없이 뿌리는 것이 잘 되겠는가?

흔히 권한이양을 단순히 권리와 자율권을 주는 일이라 생각하지만 이는 오산이다. 권한을 반드시 이양하는 쪽에서 먼저 솔선수범해 방향을 잡지 않으면 안 된다. 윗사람이 제대로 결정해주지 않는 일을 누가 목숨 걸고 실행하겠는가?

언젠가 우리 회사의 중전 팀이 약 1년의 노력 끝에 '돌산령 터널'과 관련한 9억3천만 원의 프로젝트를 계약 확정한 적이 있었다. 그것은 말 그대로 분산화된 효율적 업무와 의사결정이 얼마나 훌륭한 결과를 가져오는지를 보여주는 좋은 사례였다.

당시 우리는 프로젝트의 시작부터 마무리까지 각 업무 진행자들 모두가 매순간 지속적이며 끈질긴 분석과 섬세한 전략 전술을 발휘했다. 또한 이사급 임원들도 그것을 헌신을 다해 총괄 관리하는 일을 무려 1년간 지속했다. 그 결과 우리는 최종적으로 계약 확정 통보를 받을 수 있었다.

나는 지금도 당시 우리의 강렬한 목표의식과 실행 추진력이 부족했거나, 이에 대한 선행자의 재빠른 의사결정이 부족했다면 이 수주를 따낼 수 없었으리라 믿고 있다. 또한 그 중심에 바로 과감한 '권한이양'과 '목표의 공유와 교감'이 있었다고 평가한다. 다시 말해 이 중전 팀은 『경호』에서 말한 목표를 분명하게 정하고 나아가는 '다람쥐 정신', 서로를 위하며 격려하는 '비버의 정신', 먼 길을 역할 분담하며 나아가는 '기러기 정신'을 모두 발휘했다.

물론 불신으로 가득찬 경영 시스템을 신뢰의 경영 시스템으로 뒤바꾸는 것은 청산가리를 먹는 것만큼 길고 고통스러운 일이 될 수도 있다. 하지만 한번 자리 잡은 효과적인 경영 시스템은 장기적으로 큰 이익을 가져온다. 10년 동안 걸리는 일을 단 1년 만에 달성할 수 있고 업무의 낭비요소를 대폭 줄일 수 있다. 권한이양이 제대로 시행되면 담당 책임자의 능력은 더 커지고 팀워크는 강해진다.

그러나 무엇보다 신뢰경영 시스템은 궁극적으로 각 개인의 능력을 키우고 조직의 역량을 모아 한 방향의 목표를 잡아 어떤 파도에도 흔들리지 않는 단단한 배를 완성시키는 힘이라는 점에서 꼭 해볼 만한 모험이라고 할 수 있다.

신뢰 경영의 4가지 조건

첫째: 10년의 혜안과 주인됨의 절절함으로 결정하라

빠른 실행력의 열쇠는 상급자의 대응 속도에 달렸다. 리더가 현장 지식이 부족하면 주옥 같은 현장의 의견을 놓치기 쉽다. 10분 이야기할 때도 10년 혜안과 주인됨의 절절함으로 결정해야 한다.

둘째: 가슴으로 의사소통하라

조직 간의 정보와 경영성과를 논의하는 정기미팅을 습관화해야 한다. 때로는 술자리 문화를 강하고 특색 있게 진행하는 것도 이런 이유 때문이다.

셋째: 분명한 책임범위를 가져라

권한을 나눌 때는 책임범위가 명확해야 한다. 결코 모두의 책임을 지려는 사람은 아무도 없다. 성장하는 조직은 의사결정과 책임의 범위가 애매하지 않다.

넷째: 확실하게 권한이양을 하라

무능력하고 소신 없는 사람에게 권한을 위임하는 것은 상급자의 죄악이다. 권한이양이 제대로 안 되면 관리자들도 정작 자기 할 일을 못하게 된다. 보고하기 위한 준비로 시간을 빼앗기거나 무관심으로 시간 낭비만 하게 된다. 권한이양은 능력과 열정이 우선되고, 일단 했다면 프로세스로 빠르게 정립해야 한다.

모두의 기억 속에 남는 사랑 받는 회사

세상에서 가장 고된 직업 중에 하나가 바로 영업이다. 오죽하면 가장 고단한 일상을 살아가는 인물로 세일즈맨을 꼽은 『세일즈맨의 죽음』이라는 작품이 그처럼 큰 공감을 얻었겠는가?

영업이 어려운 것은 사람을 상대하는 일이기 때문이다. 영업에서는 사람의 마음이 신이다. 즉 상대에게 사랑받지 못하면 목구멍에 풀칠을 할 수 없게 된다. 사실 보통 인간관계라면 어려운 일만도 아니다. 그저 진심을 다하고 내 마음을 열면 된다.

그러나 시장의 논리, 즉 팔기 위한 영업은 그 이상의 것을 요구한다. 철저하게 준비하고 확실하게 믿음으로 각인시키지 않으면 결코 상대의 마음을 사로잡을 수 없다. 거기에는 강력한 마인드 컨트롤, 나아가 빈틈없는 계획과 실행이라는 힘겨운 요소들이 반드시 필요하다.

중소기업청 성능 인증 심사 날에 있었던 일이다. 그간 준비

해온 것들을 20여 일 전부터 갑작스럽게 방향전환을 하게 되었다. 만일 이 새로운 상품으로 조달우수제품을 인증받지 못하면 회사의 존폐가 결정날 수도 있는 크나큰 모험이었다. 사실 불과 20일 동안 새로운 기술을 적용한 첫 상품을 내놓고 인증 확률 15% 미만의 까다로운 심사에 성공한다는 것은 거의 불가능에 가까웠다.

그러나 우리는 해보기로 했다. 결정이 나자마자 디지털기기 담당인 DIK와 소프트웨어 중심 영역 담당인 KDT의 긴밀한 비상체계를 가동하고, 수배전반과 전력분야 총괄적인 제품개발과 기능을 결합하는 품질관리실과 연구본부를 중심으로 25시 비상체계로 돌입했다. 그리고 드디어 20여 일이 흐른 초겨울 날, 수원에 있는 경기도 중소기업청 대회의실에 들어섰다.

그 20여 일간 우리는 거의 전쟁을 치르듯 모든 면에 심혈을 기울였다. 총 6명이 각 분야별로 만반의 준비로 심사에 대응했는데, 기술 설명서는 심사 직전 출입문에 들어서는 순간까지 토씨 하나까지 수정했고, 심사위원들에게 심미적인 안정감과 신뢰를 주기 위해 노란 국화꽃잎을 프레젠테이션 화면에 담아 장식했다.

입술이 바짝바짝 타는 심정으로 심사 장소에 들어서보니

약 100여 평 되는 널따란 회의장에 마치 국회 상임위에 들어선 것 같은 권위가 감돌고 있었다. 우리는 능숙하게 준비된 심사 서류를 배포하고, 개발된 제품을 앞에 펼치고 파워포인트로 설명을 시작했다. 행여 컴퓨터 한글 폰트가 틀릴까 노트북을 직접 들고 가서 연결했고, 파워포인트는 최신 유럽식 디자인으로 블랙 톤에 하얀색과 녹색을 기본 바탕 컬러로 만들었다. 그리고 10여 분간 화려한 설명과 함께 각 장마다 사전 준비한 참고 서류를 올리고 때로는 화면을 커튼 식으로 펼치면서 한 편의 영화처럼 준비된 시나리오를 펼쳐놓았다.

놀랍게도 방청객(?)의 몰입이 좋아 출발은 좋았다. 그러나 안심할 수는 없었다. 심사위원 중에 한 사람만 부정적인 질문과 발언을 해도 수개월간의 개발 노력이 수포로 돌아갈 수 있다는 것을 알았기 때문이다. 즉 회의실에 서 있는 한은 조금도 긴장을 늦출 수 없었다. 그날은 심사위원들의 일반적인 농담이나 질문은 물론 대단한 제품이라고 칭송하는 웃음도 그냥 넘길 수 없을 정도였다.

드디어 질문의 포문이 열렸다. 첫 번째 질의에 간단명료한 설명이 아쉬웠던지 줄기차게 다른 질문 공세가 쏟아졌다. 처음에는 평이했던 질문이 디지털과 소프트웨어 영역 및 인공지능에 관련된 질문까지 이어지고, 제품의 이벤트에 의한 안정성 확보, 공인시험 결과 등 사전 준비된 화면에서 충분히 보여준 것까지도 재차 대답을 요구했다. 아킬레스건을 바늘로 찔러대는 듯한, 완벽한 창과 완벽한 방패 사이의 결투처럼 불꽃 튀는 시간이었다.

그렇게 10여 차례 질문과 답변이 이어지고 심사가 끝났다. 사실 회사의 모든 역량과 시간을 투자해 만든 신제품을 20여 분에 걸쳐 압축해 설명하고 심사받는다는 것 자체가 무리일 수 있었다. 그러나 우리는 최선을 다했다.

무엇보다 우리는 이 심사과정이 제출된 단순 기술과 제품만 심사하는 곳이 아니라는 것을 잘 알고 있었다.

이 심사는 우리 회사의 제조업 11년 경륜과 연구활동의 결과물일뿐만 아니라, 내 50여 년 인생길의 온갖 경험과 지혜, 직원 개개인 구성원들의 인문학적인 지식 모든 것을 보여주고 평가받는 자리였다.

우리와 결합된 핵심 관계사와 전국 1300여 명의 케이디파워인의 모든 것을 한순간에 심판받는다는 부담감이 한순간에 밀려왔다. 그 자리에서 우리는 누구보다도 훌륭한 세일즈맨이 되어야 했다.

그날 심사위원들은 그 어느 때보다 집요하게 허점을 파고 들었다. 조금만 긴장감을 풀거나 절절함이 부족하면 금방 알아 차렸다. 그도 그럴 것이 이번 인증으로 한 기업의 매출액이 4년 간 2,000억이나 보장되고 막강한 정부의 수의계약권한을 부여 받게 되는 만큼, 제대로 된 확실한 기술이나 상품이 아니면 함 부로 통과시킬 수 없는 것이 당연했다.

그러나 우리의 준비도 만만찮았다. 하나의 단어와 접미사, 접두사까지도 엑기스로 뽑아 심사장의 전체 공기를 감동으로 몰아넣었다. 그렇게 20여 분 동안 심사를 진행하고 나자 갑자 기 아프지 않던 허리가 쑤셔오고 입술에는 수포가 생겨 진물이 돋았다.

그간 나는 이런 심사를 수십 번이나 경험했다. 과학기술부 에서 주관하는 국산신기술(KT)심사부터 장영실상 심사 등 현 재까지 인증받은 신기술 대외인증이 약 65개가 넘지만 매번 긴 장은 더했다. 심사를 받는 제품들이 타 업체에 비해 승률이 높 다 보니 인증 확률이 100% 아니냐는 질문도 있었지만, 사실 그중 25% 정도는 미끄러지기도 했다. 그때마다 공허감과 실망 도 컸다.

그러나 지금껏 인증 심사대에 오르면서 나는 한 가지 사실을 다짐했다. 한 개인으로서 모든 사람에게 사랑받을 수는 없을지라도, 우리 조직만큼은 모든 이의 기억에 남는 사랑받는 회사로 만들겠다고 말이다.

그리고 인증 심사대는 항상 도전하고, 치열하게 연구하고, 세심하고 철저하게 준비하는 모습을 보여줄 수 있는 가장 훌륭한 무대였다. 이런 인증들이 하나씩 착실히 쌓이고 신뢰를 얻어가면서 우리 회사 또한 고난의 세월이 무색하지 않게 인지도와 매출액도 꾸준히 급성장했다.

우리는 누구나 사랑받고 싶어 한다. 그러나 아무것도 하지 않고 그 자리에 앉아 사랑을 갈구한다면 결코 그 소원은 이루어지지 않는다. 기업체도 마찬가지다. 가만히 앉아서 거래처가 나를 찾아주기를, 우리 제품이 많이 알려지기를, 고객들이 우리를 믿어주기를 기다려서는 안 되는 것이다. 갖은 도전에 맞서 바람을 맞고도 앞으로 나아가지 않으면 안 된다. 날씨가 어제보다 춥다고 밖으로 나서지 않으면, 그 이후로는 더 나은 미래를 보장받을 길이 없기 때문이다.

최근 들어 다들 경기가 어렵다고 말한다. 그러나 사랑받는 기업은 불안할 이유가 없다. 절절한 긴장감으로 불꽃의 열정을 토해내 공감을 이끌어내고 신뢰를 심어주는 기업이라면, 이깟 어려움은 금방 사라질 것이며 어느 날 이 어려움이 기회가 되어 돌아올 수도 있다.

앞에 주어진 길과 난관을 사랑하는 것, 사랑받는 기업이 되는 길은 어찌 보면 이렇게 간단하다. 다시 말해 주변의 사랑을 받기 위해 필요한 게 기술력이라면 치열하게 기술력을 높이고, 거기에 필요한 것이 성실함이라면 그 성실함을 행하는 세일즈맨의 정신을 가져야 한다.

영세기업의 혁신경영

시작할 때의 긴장을 꾸준히 유지하려는 마음가짐의 덕은 생각보

다 크다. 초심을 잃지 않고, 업종을 쉽사리 바꾸지 않고, 내가 잘

아는 것에 전력을 다할 뿐 남의 떡을 탐내지 않으며, 나날이 성실

하게 일하겠다는 그 다짐을 잃었더라면, 결코 지금의 케이디파

워는 존재하지 않았을 것이다.

나는 전략과 전술 없이 살아가는

이들을 보면 안타깝다. 그들의 삶은 무미건조해 보인다. 아무리 훌륭한 지위를 가지고 있다 한들 그에게 아무 전략이 없다면, 그는 가진 것 없이 으스대는 사람 이며 고객이 뒤따라오는데 문을 꽝 닫아버리고 마는 어이없는 세일즈맨에 불과하다.

이런 이들은 한순간 지위를 누릴지 몰라도 결과적으로는 백전백패가 자명하다. 결코 1등으로 올라갈 수 없을뿐더러 2등의 자리도 오래 유지하기 힘들다. 기업 환경이 무한궤도의 전쟁터로 들어선 지 근 10년이 지났다. 하지만 곰곰이 생각해보면 기업 역사에 전쟁 아닌 순간이 있었을까?

전쟁에서 승리하려면 군대 규모, 화력과 화포, 유리한 지향 등 수많은 조건들을 갖춰야 한다. 그러나 그중에서도 가장 중요한 건 바로 전략이다. 세상 어떤 군대도 전쟁이 났다고 곧바로 달려들지 않는다. 서로 암묵적인 휴전 상태를 가지고 수뇌들이 모여 온갖 지혜를 짠다. 그들의 전략 테이블에는 고도의 심리전, 공격하고 방어하는 전략과 기술들이 빼곡히 들어선다.

기업들의 전쟁에서도 다를 바 없다. 전략과 전술이 없다면 아무리 배포 있게 시작한 사업도 사상누각이 될 수밖에 없다. 그리고 그런 기업의 전략이 겉으로 드러나는 것이 바로 경영 시스템이다. 다시 말해 훌륭한 경영 시스템은 누구도 아닌 CEO로부터 시작된다고 믿는다.

그러나 현재 많은 기업들이 관행적 경영 시스템에 길들여져 몇 년 못 가고 주저앉는다. 이유는 다른 게 아니다. 잘 되는 기업은 CEO부터 다른데, 안 되는 기업의 CEO들을 보면 저래서 안 되겠군 생각이 절로 든다.

나는 300만 중소기업의 대부분인 95%의 CEO를 미워한다. 한번은 골프웨어를 입고 카운터에 앉아 있는 여성 CEO를 본 적이 있다. 저 사람은 손님을 골프 친구로 보는가 싶었다.

한번은 자기를 알리는 유용한 도구인 카드 명함에 휴대폰 번호가 없는 사람도 보았다. CEO라서 전화 받기 귀찮다는 말인가? 또 한번은 식당에서 에어컨을 틀어놓고 있는데 그 자리에서 담배를 꺼내 물고 직원들에게 일장 연설하는 사람도 봤다. 직원이 자기 담배연기 참아주면서 연설 들어야 하는 봉인가 싶었다. 회사는 잘 돌아가는지 마는지 아침에 9시 넘어 회사 출근하는 CEO, 회사가 개인 놀이터인가? 회의 진행하면서 자신은 메모도 하지 않고 질책만 하는 경영자 분들, 하느님 동창이라도 되는가?

그 말고도 열정도 없이, 그저 사장이 되고 싶어 사업하는 사람은 더 밉다. 목에 깁스한 듯 거드름을 피우며 인생과 사업 경륜을 주구장창 늘어놓는다. 그러나 그중에서도 제일 미운 사람은 능력도 돈도 열정도 없이 사업을 시작해놓고 당연하다는 듯 어음 3개월, 5개월 끊어대며 부도내는 사람이다.

다시 강조하지만 기업이 제대로 된 경영조직으로 거듭나기 위해서는 혁신이 필요하다. 그리고 혁신이 얼마나 대단하고 신명나는 것이며, 거기서 얼마나 큰 성취를 얻을 수 있으며, 그것을 유지하려면 얼마나 철저한지를 CEO부터 알아야 한다. 직원과 조직 전체가 혁신의 분위기를 느낄 수 있는 가장 가까운 대상이 CEO이기 때문이다.

따라서 최고경영자인 CEO는, 직원들에게 1등으로 가라고 닦달하기 전에 먼저 솔선수범해 임직원들의 꿈과 비전을 확실하게 세워줘야 한다. CEO의 몫 중에 가장 큰 건 임직원들의 능력과 꿈을 모아 현실로 만들어주는 것이지 결코 월급을 많이 주거나 일을 적게 시켜 회사를 곤궁에 빠뜨리는 것이 아니라는 점을 기억해야 한다.

처음 정한 원칙이 정답이다

한국에서 한우 등심 값을 제일 비싸게 받는 것으로 소문난 곳이 있다. 바로 벽제갈비다. 하지만 이곳은 항상 손님이 인산인해를 이루고 예약이 줄을 선다.

언젠가 이 벽제갈비의 김영환 사장을 만난 적이 있다. 이런 저런 사업 이야기를 나누다가 일반 음식점을 개업해서 성공할 확률이 고작 0.3%뿐이라는 것이다. 음식점 성공이 어렵다는 건 알았지만, 음식점도 커다란 기업 운영하는 것만큼 어렵거나 그 이상이라는 것을 알고 깜짝 놀란 기억이 있다.

그렇다면 벽제갈비가 그 성공하기 힘들다는 먹는 장사로 성공한 비결은 무엇일까? 먹는 장사는 누구나 쉽게 시작할 수 있다. 다시 말해 진입 장벽이 낮은 업종이다. 하지만 중요한 것은 그 다음이다.

계속해서 손님들 구전으로 가게 이름이 전파되고, 어제 온 손님이 찾아와주지 않으면 장사하기가 힘들어진다. 실제로 한 통계에 의하면 식당에서 매출 카드전표를 하루에 10장 뽑지 못하는 곳이 90%나 된다고 한다.

그도 그럴 것이 먹는 장사는 불특정 다수, 다양한 성별과 연령대를 대상으로 한다. 잘난 사람, 못난 사람, 배부른 사람, 배고픈 사람, 이렇게 천차만별인 깐깐한 입맛을 맞추기란 여간 어렵지 않다. 게다가 사람들은 자기가 즐거운 것을 원한다. 하루 세 끼 먹고 사는 행복 중에 돈 주고 먹는 한 끼도 실패하고 싶지 않아 한다. 따라서 한 번 자기 입맛과 분위기에 맞지 않으면 등을 돌려 버린다. 즉 먹는 음식은 지위고하를 막론하고 백인백색의 요구사항을 맞추어야 하므로, 오히려 이 쉬워 보이는 먹는 장사로 성공하기가 더 어려운 것이다.

그러나 이런 제반 환경에서도 벽제갈비는 성공에 성공을 거듭했고 이제는 작은 기업 못지 않은 매출을 올리고 있다. 나는 벽제갈비가 이렇게 성공할 수 있었던 이유를 그곳에 드나들며 눈으로 확인할 수 있었다.

바로 한결같이 잃지 않는 초심, 처음의 원칙이 희미해지지 않도록 채찍질하는 자기 검증이었다.

그들은 가장 비싼 한우를 파는 대신 충분한 접대와 음식 맛의 질, 분위기 등을 꼼꼼히 고려한다. 편한 단골손님은 단골손님대로, 새로운 고객은 새로운 고객대로, 최고의 응대로 가장 만족스럽게 서비스한다. 물론 처음 매장 문을 열 때 "찾아오는 고객 모두에게 최상의 음식과 서비스를 제공하겠다"고 다짐하지 않는 식당은 없다. 그러나 자칫 방심하면 처음 정한 세부적인 원칙들이 하나씩 어긋나게 된다. 그중에 가장 넘어가기 쉬운 유혹은 마진을 높이고 운영비를 낮추기 위해 음식 질을 낮춘다던지, 서비스를 줄이는 것 등이다.

그러나 손님은 귀신이다. 특히 식당 손님들은 변한 음식 맛, 변한 분위기를 금방 알아차린다. 그리고 발길을 돌려버린다.

실제로 예전에는 잘나갔는데 서서히 변하기 시작하는 식당에 들어가보면, 몰락의 기미가 뚜렷하게 보인다. 손님을 매상과 직결시켜 생각하는 형식적이고 상투적인 손님맞이가 가장 먼저 눈에 띈다.

상대의 마음을 여는 한마디가 뭔지 한번쯤 생각해볼 만한데도 종업원이나 주인이나 행동에는 가식이 묻어 있고, 미소라고는 찾아보기 어려우며 한국말도 알아듣지 못하는 듯 어리벙벙한 모습이다. 이 일 하는 것도 피곤한데 뭐 때문에 당신한테 음식 이외의 서비스까지 제공해야 하느냐는 짜증까지 섞여 있다. 또한 점심때 손님이 들어오면 머리 당 6천 원 매상이 올라가는 걸 세고라도 있듯이 주인의 눈동자에는 주판 알 튕기는 소리만 요란하다.

그뿐인가. 처음에는 깔끔했던 수저통도 조금 지저분해지고 음식 메뉴판은 낡아있다. 메뉴 변화라고는 전혀 없다. 어느 메뉴가 좋으냐고 물으면 가장 비싼 음식을 추천한다. 따끈따끈한 인간미는 전혀 없다.

이것이 바로 망하기 시작하는 식당들의 징조다. 그러나 그들이 과연 처음부터 그랬을까? 절대 아닐 것이다. 처음에는 좋은 주방장도 모셔오고 멋진 인테리어에 종업원 친절 교육도 대단하게 했을 것이다. 이것은 처음 의욕을 가질 때는 누구나 할 수 있는 일이다. 그러나 모든 장사가 그렇지만 위기가 닥칠 때도 있다. 처음부터 북적대는 식당은 없다. 그런데 같은 위기를 겪어도 대부분은 그것을 잘 이겨내는 방법을 알지 못한다. 조금이라도 적자를 보면 불안감에 휩싸여 처음 원칙으로 세워놓은 중요한 목록들을 아무렇지 않게 하나씩 폐기한다.

이를테면 고급 주방장을 내보내고 대충 일하는 싼 주방장을 들여온다. 메뉴는 저급으로 바뀌고, 동시에 음식 재료도 싼 것을 대충쓰기 시작한다. 그리고 홀 서빙 아줌마까지 외국인으로 바꾸는 순간 가속도가 붙어 점점 내리막 길로 질주한다.

주인은 이제 손님이 돈으로 보이기 시작하고, 종업원들은 활력 없는 일터에서 퇴근 시간만 기다리게 된다. 이런 분위기가 식당을 메우면, 절대 손님은 다시 걸음하지 않게 된다.

지금도 우리 주변에는 수없는 식당들이 개업하고 망하고 있다. 그뿐인가? 수많은 기업들이 생겼다가 사라진다. 경쟁도 치열하고, 환경은 너무 자주 바뀐다.

안전지대라는 것은 없어 보인다. 상황이 이렇다 보니 무언가 일이 잘못되면 처음 정한 원칙이 틀려서라고 적절히 타협해 버린다. 하지만 위기에 닥칠수록 처음 원칙을 틀어쥐는 것만이 끝까지 살아남는 방법이다.

나는 우리 회사가 케즘에 빠질 만한 여러 위기를 극복하고 성장 가도에 들어설 수 있었던 이유를, 쉽사리 내 전문 분야 이상의 욕심을 부리지 않고 처음의 원칙을 틀어쥔 것이라고 생각한다. 나는 지금도 새벽 4시 30분이면 어김없이 눈을 뜨고 산악자전거로 하루를 시작한다. 그리고 어느 사업장에 도착해도 7시 전에 간부들과 그날의 업무를 시작한다.

이처럼 사업을 시작할 때의 긴장을 꾸준히 유지하려는 마음가짐의 덕은 생각보다 크다. 초심을 잃지 않고, 업종을 쉽사리 바꾸지 않고, 내가 잘 아는 것에 전력을 다할 뿐 남의 떡을 탐내지 않으며, 나날이 성실하게 일하겠다는 그 다짐을 잃었더라면 결코 지금의 케이디파워는 존재하지 않았을 것이다.

즉 초심, 열심, 진심, 이 세 단어가 행동으로 이행되는 곳이라면, 그곳이 음식점이든 구멍가게이든, 구둣방이든 결코 망하지 않을 것이다.

고정관념을 깨면 기회가 보인다

인간은 누구나 관습과 고정관념에 사로잡힌다. 때로는 그런 관습과 관념이 우리를 보호해주기도 한다. 그러나 선도적인 입지에서 살아남아야 하는 조직이나 개인에게 이런 관습과 고정관념은 치명적인 독이다.

실제로 기업들은 젊은 신입사원들에게 창조성과 관습을 타파하는 열정을 요구한다. 기업이란 본질적으로 오랜 관료주의 속에서 경직되는 경향이 있기 때문이다. 그러나 오래되고 강력한 조직, 경험 많은 인재들 중에도 이런 관료주의와 거리가 먼 경우도 적지 않다.

한번은 한국전력의 고위층 관계자를 만나 김쌍수 사장의 최근 행적을 들은 적이 있다. 앞에서도 언급했지만 전기업계는 정보통신 분야 등과 비교할 때 상대적으로 안일함과 관료주의의 냄새가 짙다. 그런데 그 무렵 김쌍수 사장이 일궈낸 일련의 결과가 내 관심을 크게 사로잡았다. 바로 345kv 철탑의 높이와 기초 구조와 관련된 일화였다.

당시 김쌍수 사장은 공사를 시찰하다가 345kv 철탑의 높이와 기초 구조가 무려 30년 전 표준에 맞춰져 있다는 것을 알고 깜짝 놀랐다. 그리고 철탑 높이를 조금 낮은 154kv에 맞춰서 하면 안 될 이유가 뭐냐고 되물었다. 전선도 가벼워지고 철판이나 콘크리트 구조물도 이전에 비해 강도가 올라가고, 원가까지 상승한 상황에서 굳이 30년 전 기준을 지켜야 한다는 것이 이해가 가지 않았던 것이다. 그에게 당시의 상황을 30년 전의 엄청 큰 진공관 라디오와 지금의 명함만 한 라디오를 비교할 수 없는 것처럼 도무지 이해되지 않는 것이었다.

결국 그는 이 낭비가 그간 이에 대한 고정관념과 관습을 깨려고 시도한 사람이 없었기 때문이라고 결론짓고 표준을 바꾸는 작업을 실시했다. 은근히 가해지는 주변의 압력과 걱정 어린 반대들에도 불구하고 345kv 철탑에 154kv 전압을 2중으로 거는 작업에 대한 검토를 지시한 뒤 강력한 추진력으로 밀고 나간 것이다.

결과는 훌륭했다. 그의 노력은 결국 필요 없는 관습 때문에 엄청난 낭비에도 불구하고 동일 전압만 방출해왔던 30년 만의 관행을 깨뜨렸다. 구태의연함에 사로잡힌 조직에서 희생을 감수하고 문제를 제기한 그의 노력이 30년의 관습을 순식간에 바꾸어 버린 것이다.

그런가 하면 김쌍수 사장은 전주에 주상 변압기 채결에 들어가는 볼트 6개를 대폭 줄여 2개만 사용하라고 지시했다. 그리고 이 볼트의 변화는 연이어 다른 변화들까지 가져 왔다. 볼트를 줄이려면 사소한 공정 개선이 필요할 뿐더러, 배전 계통과 변압기에도 구조적인 진화가 필요했던 것이다. 그는 이런 효율적인 신기술 패러다임이 확장될 경우 그것이 신중전업계의 경영 패러다임을 변화시킬 것이라고 예상했고, 그 예상은 적중했다. 이를 계기로 변한 것은 공장기기뿐만 아니었다. 뿌리 깊게 깔린 공직사회의 나누어먹기 시스템, 야근하지도 않는 이들에게 지급하는 월 5시간의 특근수당 등등 그간 알면서도 모른 척했던 관료주의와 엽관제에도 대수술이 시작되었다. 다시 말해 김쌍수 사장은 고정관념을 깨는 사소한 창조적 아이디어가 결과적으로 큰 변화를 몰고 온다는 창조성의 나비효과의 효과를 톡톡히 이뤄낸 셈이다.

새로운 생명이 탄생하기 위해서는 새가 알을 깨고 부화하듯이 스스로 구각(舊殼)의 틀을 깨는 창조적 파괴가 필요하다. 새로운 창조가 이루어지려면 산고의 고통을 겪어야 하고, 기존의 상식과 고정관념을 깨뜨려야 한다.

물론 이것을 우리는 머리로는 잘 알고 있다. 그러나 그것을 행동으로 옮길 만큼 절실하게 느끼는 사람은 극소수다. 상식을 부정하고 새로운 비상식에 도전하는 소수의 사람과 기업만이 결과적으로 존경을 받고 모든 부와 명예를 쥐게 되는 것도 바로 이때문이다. 그렇다면 우리는 왜 이처럼 중요한 창조적 파괴를 선뜻 하지 못하는가?

첫째, 새로운 생각이나 새로운 시도 자체를 부인하려는 부정적 사고

둘째, 객관적 사고와 객관적 판단이 결여된 자기중심적 사고

셋째, "이 방식으로 지금까지도 잘해왔는데, 왜 쓸데없는 일을 벌이려는 거야?" 라는 과거 중심적 사고

넷째, 패러다임의 변화와 혁신을 가로막는 생산성 중심의 사고

다섯째, 불안을 피하기 위한 보편적이고 일반화된 생각과 행동

여섯째, 업무 집중력을 떨어뜨리는 비조직적인 사고

일곱째, "이런 일을 안 한다고 별일 있겠어?" 라는 현실

외면적 사고와 태도

여덟째, "누군가 해결해주겠지. 시간이 다 해결해줄 거야"
라는 자기 방관적 태도

아홉째, 장기적 발전, 계획적 사고와 업무수행을 방해하는
근시적인 이익 중심의 사고

열 번째, 명확한 목표와 방향의식을 상실한 무계획적 사고

열한 번째, 언제까지 달성해야 한다는 목표 시간의 부재로
인한 열정의 결여

열두 번째, 우선순위를 정하지 않은 데 따른 일관성의 집중
효과 상실

그러나 무엇보다 개인이나 조직의 창조적 파괴를 방해하는
것은 바로 자기한계를 금 긋는 패배주의, 즉 무기력감에 빠져
서 "우리는 늘 이래왔어. 만년 2등이야. 모든 면이 부족한데 어
떻게 1위를 이길 수 있겠어"라고 말하는 태도다.

이런 비관적인 태도는 창조성의 발현과 고정관념의 타파에
가장 큰 장애물로서, 새로운 의문은 무조건 비판하고 부정하는
조직문화를 창출한다. 그리고 큰 조직이던 작은 조직이던 앞으
로 미래지향적인 운영을 지속하려면 다음과 같은 방해 요인들

을 타파해야 한다.

　첫째, 자신의 능력을 과신해 남의 의견을 무시하거나 경청하지 않는 습관을 버려야 한다. 이런 습관이 몸에 배면 자기 이론에 맞지 않거나 자신이 이해하지 못하는 것은 무조건 부정적으로 파악하려는 경향이 강해진다.

　둘째, 타인의 의견이나 아이디어에서 논리적 모순이나 허술한 점을 예리한 분석력으로 짚어내는 태도는 적절한 수준이어야 한다. 되는 이유를 찾기보다는 안 되는 이유를 먼저 생각하면 될 일도 안 되게 된다.

　셋째, 모든 것을 이론적으로 파악하고 이해하려는 경향도 지나치게 강해서는 안 된다. 그렇게 되면 논리적이기는 하나 새로운 아이디어는 거의 낼 수 없게 된다.

　넷째, 모든 것을 완벽하게 조사하지 않으면 만족하지 못하는 결벽도 버려야 한다. 충분한 조사가 이루어지지 않은 상태에서 의사결정을 내리지 못하는 사람은 시급한 상황에서도 책임을 모면하려고 든다.

다섯째, 신속성보다 정확성을 지나치게 강조하는 태도도 위험하다. 의사결정을 지연시키면 문제해결이나 기회 선점의 타이밍을 놓치게 될 뿐만 아니라 의사결정 지연에 따른 기회비용의 손실을 가져온다.

물론 조직은 논리적이고 분석력이 탁월한 사람도 필요로한다. 때로는 그들의 부정적 의견도 타산지석으로 삼을 필요가있다. 그러나 창조적 파괴를 위해서는 논리와 더불어 열정과직관의 적절한 조화도 필수적이다.

창조성은 사실상 논리보다는 열정과 직관에서 태어나 행동력에 의해 완성되는 것이기 때문이다.

2009년 우리는 낮은 산은 뛰어넘고 높은 산은 터널을 뚫고앞으로 전진해야 하는 상황에 서 있다.

이제 논리와 머리로만은 좋은 결과를 창출할 수 없다. 창의적이며 실행 중심으로 절절한 열정을 쏟아야 한다. 그러기 위해서는 머리만 쥐어짤 것이 아니라, 지속적으로 학습하고 모방하고 고민하는 창조적인 시간을 많이 가져야 할 것이다.

월급 도둑의 귀환

전 세계 CEO들에게 어떤 직원이 제일 싫은가 질문한다면, 비슷하게 '월급도둑형' 직원이라고 답할 것이다. 월급도둑이란 월급에 비해 업무량이 너무 적은 사람, 맡은 업무를 제대로 처리하지 못하면서 월급은 많이 받는 사람 등을 말한다.

한 통계자료에 의하면 실제로 직장인의 72%가 자기 주변에도 그런 월급도둑이 있다고 응답한 것으로 나타났다. 이른바 무임승차족이 있다는 뜻이다. 또한 조직 내에 월급도둑이 발생하는 이유로 다음과 같은 통계가 제시된 적이 있다.

1. 인사성과 평가 시스템의 문제- 21.5%

2. 비효율적인 업무 시스템의 문제- 17.5%

3. 연공서열식 호봉제- 16.4%

4. 개인주의- 15%

관료주의와 고정관념이 가장 강한 사회가 바로 공직사회다. 이곳에서 일하는 이들을 보며 흔히 하는 말이 있다. "만일 저 사람들이 사회에 나오면 하루 세 끼나 챙길 수 있을까?"

이 질문에 대한 답은 사실 어렵지 않다. 한마디로 정의하면

70% 이상이 경쟁력 제로다.

물론 안 그런 이들도 있겠지만 한국에서 공무원은 적건 많건 월급도둑의 요소들을 지니고 있다. 대부분은 주어진 대로 일하고, 무기력하고, 경영의 방향에 대해서는 머리는 알지만 몸은 둔하고 퇴근 시곗바늘만 바라본다.

얼마 전 한 공공건물의 주차 서비스를 보고 한심하기 그지없었던 적이 있다. 한꺼번에 몰리는 출근 시간과 퇴차 시간에 서비스는 더디고 정신없었다. 분명히 불만들이 많았을 텐데도, 기관장은 물론이고 담당자 누구도 해결책을 제시하지 않고 있음이 분명했다.

얼마 전 안산의 정부기관에 갔을 때도 비슷한 기분이었다. 영하 10도의 차가운 바닷바람이 불어오는 곳에서 흰 정장을 입은 여직원 두 사람이 그 추운 날씨에 다리를 훤히 드러내놓고 차량을 안내하고 있었다.

그들이 하는 일이라고는 들어오는 차, 나가는 차의 운전자에게 손을 들어 뱅글뱅글 돌리며 미소를 짓는 것뿐이었다. 게다가 거기는 찾아오는 외부 손님도 거의 없는 곳이었다. 왜 그들의 소중한 노동력이 저처럼 낭비돼야 하는지, 윗사람 중에 한 사람이라도 생각해봤는지 궁금했다. 만일 그것이 개인의 돈이라면 그렇게 쓸데없이 날렸을지도 묻고 싶었다.

나는 KTX 광명역을 볼 때마다 그 천장 높이가 100m는 되는 걸 보고 혀를 차곤 한다. 왜 그렇게 천장을 높이 만들어야 했는지 이유를 알 수가 없어서다. 10m만 돼도 충분할 텐데 과연 자기 주머니에서 알곡이 나갔다면 그렇게 했을까 싶다.

요즘 공직사회는 경쟁률이 과거의 고시보다도 어렵다고 한다. 그런데 그렇게 인재의 산맥을 뚫고 들어온 훌륭한 인재도 30년 지나면 퇴화해 경쟁력이 형편없이 작아진다. 비단 공직사회뿐일까? 대기업이나 공기업 신입사원들도 대부분 수재들이다. 그런데 이 수재들이 30세 후반이 되면 조기퇴임을 당하고, 명퇴에 시달리고, 급기야는 40대를 넘기는 사람은 100명 중에 한두 명이다. 이쯤 돼서 중도퇴임하고 세상에 나오면 당초부터 중소기업에 근무했던 인재보다 경쟁력이 월등하게 떨어지고, 결국 하루 세 끼 먹고살기도 걱정하며 힘들어진다.

30년 간 월급도둑으로? 자신의 그 무엇도 절절하게 삶을 담보로 걸지 않고 조직생활을 해온 결과다. 처음 출발은 매우 유쾌 당당하고 힘있고 멋지게 출발한듯 싶었지만 결국 주변과 타협하고 일상에 동기화되어 적응능력이 퇴화해 사회에 적응이 안 되는 것이다.

물론 모든 공직자들이 그런 것은 아닐 것이며, 한두 명의 잘못된 판단으로 해당 조직 전체를 비판하는 것도 문제다. 그러나 진짜 문제는 심지어 일반 기업에도 그런 이들이 적잖다는 것이다. 자신의 상식이 전부인양 상품에 대한 공부 없이 고객에게 지식을 전달하는 이, 고객의 요구를 자신의 지식과 역량 범위 내에서만 서비스하는 이, 근무 시간 내내 자신만의 개인적인 생각으로만 일관하는 이, 임원이 되면 더 편해져야 한다고 생각하는 이, 스스로 돌리며 변화하고 학습하지 않고 조직과 회사를 원망하는 이, 인재 집단을 자신만의 부족한 부분을 채우는 수비진으로 전락시키는 이, 이 모두가 잠재적인 의미에서 월급도둑과 다를 바 없다.

그렇다면 이런 월급도둑을 근본적으로 개선하고 방지하는 방법은 없을까? 물론 다짜고짜 몰아내는 방법도 하나의 방법이겠지만 앞의 설문조사도 언급하고 있듯이 그보다는 조직 체계의 정비가 우선이다. 조직은 어찌했든 간에 개개인의 직원들을 교육하고 감싸안을 의무가 있기 때문이다. 그런 의미에서 다음 세 가지 방법이 적합할 것이다.

첫째, 정확한 업무 계량화와 개인별 기여도의 판별

둘째, 주체적 관점에서 일하는 방법의 내재화와 상호신뢰

셋째, 실시간 상대평가를 통한 셀프리더십 독려

우리는 이런 평가 방식을 사이버 업무공간인 e 프로세스와 다양한 평가 방법을 통해 실행한다. 다만 이 역시 강한 의지가 필요하며, 동시에 부서별 온정주의에 빠져 일방적으로 높은 점수를 주거나 개인적인 감정에 치우쳐 평가등급을 차별해 매기는 경우를 철저하게 지양해야 한다.

지난 20년간 나는 인사평가 무렵이 되면 직원들이 분주해지는 걸 자주 보았다. 조금이라도 좋은 점수를 얻어야 승진도 하고 연봉도 올라가기 때문이다. 이때의 직원들의 행동은 일반적으로 다음과 같이 나타난다.

1. 야근 많이 하기
2. 지각하지 않기
3. 상사에게 잘 보이기

그러나 단호히 말하지만 이 같은 일회성 행동들은 결코 성

실해 보이지 않을뿐더러, 평가의 기준을 무시하는 행위이다.
이런 행동을 보이는 것은 직원들이 평가를 단순히 평가로만 인
식하기 때문이다. 또한 현재의 업무에 자신감과 즐거움이 없어
시간 때우기로 직장을 다닌다는 증거다.

사실 이런 문제들을 손쉽게 해결하는 방법은 없다. 뿌리 깊
이 박힌 무기력을 치유하고 활기를 불어넣고, 평가 시스템에
대한 신뢰를 장기적으로 구축해야 한다. 그러기 위해서는 수시
로 업무 시스템을 개선 보완하고, 평가 매뉴얼을 객관성 있는
자료로 작성해 일관성 있게 추진해야 한다. 즉 직원들이 그 평
가제도를 신뢰하고 공정하다고 인식하도록 만들어야 한다는
뜻이다.

또한 윗선 직급의 일방적인 평가 대신 누적된 평가를 도입
하고 그 과정을 중시하는 평가가 이뤄져야 한다. 또한 평가 이
후 적합한 업무량의 재배분과 급여 반영이 필요하다.

나는 월급도둑은 비단 그 직원만의 문제로 생겨나는 것이
아니라고 본다. 그것은 전적으로 조직 전체의 문제다. 조직의
활력이 떨어지면 그 구성원들 또한 무기력에 빠질 수밖에 없
다. 진정한 경영자는 "인적자원이 업무태만에 빠져들도록 놓
아두지 않는다"는 피터 드러커의 한마디를 곱씹어 볼 만하다.

회사는 인재를 키우는 곳이어야 한다

나는 아주 훌륭한 인간 됨됨이나 특별한 천재성을 가지고 태어난 사람이 아니다. 그 때문에 부족한 부분을 메우기 위해 남들보다 몰입해 일하고 깊이 푹 빠져 생각하며, 모든 일에 남들보다 두서너 배의 시간을 투자한다. 그 와중에 이것이 습관이 되고 내재화되어 남들보다 빠르게 성과를 창출하는 실무형 경영 습관을 가질 수 있었다.

제대로 몰입해 시작하지 않는 그 순간까지는 누구나 아마추어다. 하지만 우리는 그저 아마추어로 남기를 원하지 않는다. 그러나 모든 일은 녹록치 않다. 최선을 다한다고 해서 누구나 프로가 될 수 있는 것도 아니다. 프로가 된다는 건 오랜 담금질과 인내, 그리고 난관과의 싸움을 통해서만이 가능하다.

그리고 이런 프로들을 길러내는 것이 바로 회사가 할 일이다. 다시 말해 훌륭한 리더가 할 일은 평범한 인재를 귀중한 인재로 키워내고 꿈을 현실로 만들어가는 신명나는 조직 진화 DNA를 만들어내는 것이다.

많은 회사들이 인재들을 목말라하고, 우리 회사 또한 그렇다. 대한민국 차세대 중전 그룹으로서 앞으로도 더 많은 인재를 필요로 할 것이다. 우리 회사는 미국의 서부개척 시대의 골

드러시처럼 한국 중전 업계에 겁 없이 뛰어든 이래 지금까지 많은 고난을 겪으며 작고큰 성취를 이루어냈다. 그리고 창업 10여 년만인 2000년대에 이르러 3가지 인재상을 확립할 수 있었다.

성과를 내는 인재는 확연하게 다르다. 그중 하나는 일에 대한 몰입의 정도다. 몰입은 대개 순수한 정신에서 출발하며, 거기에 문제를 해결하려는 절절한 열정이 덧붙으면 더 큰 인재가 된다. 또한 자유롭게 인문, 예술, 자연 계열을 넘나드는 상상력을 가진 창조적 인재도 중요하다. 끊임없는 상상력은 자기긍정의 샘물이 되고 주변에서 알아서 도와주는 휴먼네트워크를 구축하게 된다.

그리고 한 가지 중요한 사실은 이런 인재는 타고나는 것도 있지만 만들어지는 부분이 더 크다는 점이다. 실제로 하버드대의 터먼 교수는 하버드대학교 출신 300여 명을 60년 동안 연구한 결과 다음과 같은 결론을 내렸다. "성공은 지능이 아니라 성격과 인격(人格), 기회 포착 능력이 좌우한다."

인간은 사실 연약하고 작은 존재에 불과하다. 단순하게 생물학적으로 본다면 말이다. 하지만 동시에 인간은 강하며 대단한 존재인 것이 분명하다.

선천적인 부분과 후천적인 학습이 경험과 지식, 그리고 습관으로 합쳐지면 그는 얼마든지 훌륭한 결과를 창출하는 고급 인재로 발전할 수 있다. 사회에 적합하고 생산성을 높이고 동료 간에 존경받고 더불어 자신도 즐거워하며 조직을 이끌어가는 사람들이 바로 그들이다.

사업을 하는 20년 동안 나는 많은 사람과 만남과 헤어짐을 반복했다. 그리고 이를 통해 성공할 사람과 실패할 사람을 나름대로 판단하고 이왕이면 성공할 사람들과 의도적으로 교분을 많이 나누려 노력했다. 그런 이들과 함께 하다 보면 작은 일도 즐겁고 신명났기 때문이다. 어제보다 나은 오늘을 이야기할 수 있었기 때문이다.

그리고 돌이켜 생각해보면 그 성공을 이끄는 행동들은 크거나 거창한 것이 아닌 작고 사소한 것들이었다. 우리 회사에서는 임원진들에게 다음과 같은 인재상을 요구한다.

■ 임원이 될 수 있는 자격

1. 공적인 일과 사사로운 일을 분명히 구분하여야 한다.

2. 자부심과 동기부여를 위한 불꽃 열정의 메신저여야 한다.

3. 잘못된 업무나 직원을 분명하게 질책하고 개선할 수 있어야 한다.

4. 시나리오적 통찰력으로 입체적 의사결정을 할 수 있어야 한다.

5. 결정된 목표에 집중해 결과를 창출하여야 한다.

6. 디지털적 판단과 유연한 아날로그적 판단의 벽이 자유롭게 공
   간 이동되어야 한다.

7. 긍정의 파노라마가 전신에 배어 있어야 한다.

또한 인재가 되기 힘든 유형을 다음과 같이 공지하고 철저히 행동 수칙에서 이를 배격할 것을 요구하기도 한다.

■ 인재가 되기 힘든 유형

1. 업무 시간과 개인 시간을 분명하게 구분하는 이기주의자

2. 쉽게 약속하고 약속을 지키지 못하는 약속불감증 소유자

3. 변명만 늘어놓고 안 되는 측면으로만 생각하는 지적 환상가

나는 좋은 인재야말로 한 기업이 성공하는 데 90% 이상의 힘을 발휘한다고 믿는다. 우리에게 주어진 시간은 결코 영원하지 않다. 기업의 성공도 마찬가지다. 한 사람이 한 기업을 영원히 훌륭하게 끌어갈 수는 없다.

세월은 흐르고, 고객도 트렌드도 계속해서 바뀐다. 그래서 적합한 인재가 필요한 것이다. 한 사람이 꿈꾸었던 비전을 다음 세대까지 이어서 실천할 수 있는 마라톤 인재가 그래서 필요한 것이다.

인재를 등한시하는 기업은 결코 오래 갈 수 없다. 그것은 경영자에게도 직원들에게도 불행한 일이다. 때때로 높은 자리에 올라 더 이상 인재 구하기에 흥미를 느끼지 못하는 이들이 있다. 날마다 희망을 꿈꾸는 사람은 많아도 정상에 섰을 때 자신의 과거를 돌아보는 사람은 많지 않기 때문이다.

그러나 시간이 흐르면 세대가 바뀌고 100년 간 세월에 녹슬지 않은 사람이 없듯이 결국 우리도 과거로 흘러가고 우리들이 그랬듯 우리 후배들이 우리를 평가의 도마 위에 올려놓을 것이다. 그리고 훌륭한 기업인이란 바로 그들로 하여금 자신을 비판하고 동시에 더 큰 발전을 이룰 만한 후배 인재들을 양성하는 일일 것이다.

인재의 모습은 사소한 행동에서도 드러난다

- 택시를 탈 때 뒷문을 열어 상대를 먼저 배려하는 모습

- 약속 시간 10분 먼저 나와 정돈되어 준비하고 있는 모습

- 엘리베이터 내에서 전화가 오면 잠시 주변을 보며 미안해
  하는 모습

- 먼저 가서 문을 열고 뒤에 오는 분을 위해 잠시 문을 잡고
  있는 모습

- 식사 때 상사에게 먼저 식사를 배치하도록 양보하는 예의

- 식사 마치고 계산대 앞에 먼저 서 있는 핸섬한 모습

- 회사 돈을 개인 돈보다 더 무겁게 느끼고 한 푼 두 푼 아끼는 모습

- 손님 배웅할 때 보이지 않을 때까지 바라보며 정자세로
  꼿꼿이 서 있는 모습

- 결재 시 서론, 본론, 대안을 정확하게 제시하며 문제의

  본질을 꿰뚫는 모습

- 개인 일보다는 전체를 보고, 회사 일을 우선시하는 깊은 마음

- 조직을 배신하지 않고 권위를 사사로운 일에 이용하지 않는 사람

- 사소한 회사 일도 기쁘게 받아들이는 모습

- 아침 출근이 빠르고 늘 진지하고 밝은 모습

- 겸손하고 예의 바른 모습

- 머리가 아닌 행동으로 일하는 절절한 열정의 모습

- 개인주의보다 조직의 이익을 먼저 생각하는 솔선수범의 모습

- 업무의 우선순위를 잘 정해 매사를 깔끔하게 진행하는 모습

- 하나를 지시하면 열 가지 일을 앞장 서 하는 모습

- 매사에 긍정적이며 회의 시 앞쪽으로 바짝 앉는 진지한 태도

- 대화 시 한 옥타브 높은 목소리로 밝고 경쾌하게 임하는 자세

3
장

고정관념탈출을 위한
상식의 파괴

나는 힘들고 어려울 때면 처음 용산상가에 들어섰던 그때의 초

심을 돌이켜보곤 한다. 누구도 그때 내가 그 돈으로 지금의 사업

체를 이룰 것이라고 믿지 않았다. 그들의 상식으로 그것은 불가

능한 일이었기 때문이다.

그러나 나는 세상의 상식을 믿지 않았다. 달려들면 할 수 있으며,

내가 가장 잘 아는 분야를 하면 성공할 수 있다는 나만의 상식,

신념이 있었기 때문이다.

성공한 사람들 중에 어떻게 그런

성공을 거두었냐고 물을 때 그 원리를 명확하게 설명할 줄 아는 사람이 몇이나 될까? 대부분은 그저 열심히 했다고 답할 것이다. 매사 실패하는 사람에게 물어봐도 비슷하다. 대부분 실패 원인을 남의 탓으로 돌리거나 상황 때문이라고 말한다. 즉 성공하는 사람도 실패하는 사람도, 그 원인이 자신에게 있다는 걸 자각하는 경우는 많지 않다.

그러나 단언컨대 성공한 사람들에게는 그럴 만한 이유가 있다. 그리고 그중에 필연적으로 갖추어야 할 미덕 중에 하나가 도전 정신이다.

우리는 누구나 달리기를 한다. 음식점도, 기업도 달리기를 한다. 어떤 이는 100미터 달리기에 금방 숨을 헐떡이며 세상 끝까지 온 것처럼 군다. 반면 어떤 이는 100킬로미터를 완주하고도 여유롭게 자족하며 또다시 내일을 준비한다. 그가 100킬로미터를 완주할 수 있는 힘은 다른 게 아니다. 자신의 길에 끊임없이 장애물을 놓일 것이라는 것을 자각하고 그것을 넘기 위해 다시 전력을 다듬는 도전의 힘이다.

실제로 동네에서 1등하는 동네 달리기 선수도 그냥 나온 게 아니다. 어릴 적부터 많이 달리고 숨이 목 끝까지 차오르는 상황을 이겨낸 결과다. 오늘은 100미터를 뛰었으면 내일은 200미터를 뛰려고 준비한 결과다. 그가 좋아해서 그 일을 했다고 치자. 과연 그가 단순한 정열만으로 그 힘든 달리기를 이겨냈을까? 아닐 것이다.

물론 뭔가에 도전하려면 그 일에 대한 정열이 필요하다. 그러나 정열과 진짜 열정의 차이는 무엇인가? 단거리 달리기는 정열만으로도 얼마든지 시작할 수 있다. 그러나 정열은 한 번 불타올랐다가 사라지는 것이되 진짜 열정은 노력과 학습과 목표의식으로 꾸준히 재생산된다. 그리고 그런 꾸준한 도전의 열정만이 고정관념이라는 무서운 덫에 빠지지 않고 자신의 삶과 일을 보다 창조적으로 영위하는 힘이 된다.

그저 좋은 학교를 졸업했다는 이유로, 관련 자격증을 땄다는 이유로, 경력이 좀 된다는 이유로 쉴 것 다 쉬고 즐길 것 다

즐기는 것은 단거리를 뛰고 나서 경기를 포기한 운동선수와 다를바 없다. 그런 이들은 자신의 주변에 산재한 문젯거리들, 지금껏 나를 실패로 인도했던 고정관념의 상식들을 깰 시간이 없다. 단거리에 자족하는 것만으로도 너무 바쁘기 때문이다.

나는 골프 치는 CEO들을 대체로 신뢰하지 않는다. 제조업은 해당 분야의 1등이 아니면 대접받지 못한다. 그런데 비즈니스에 필요하다며 매주 빠짐없이 골프를 치는 이들을 보면 언제까지 갈 수 있을까 새삼 한심한 생각까지 든다.

출장 갈 때 공항에 길게 늘어선 골프투어 손님들을 보면 저들은 내 경쟁 상대가 아니라고 눈길을 돌려버리곤 한다. 차라리 그 시간에 사무실에 나가 직원들과 이야기를 나눈다면, 현재 문제되는 시스템은 무엇인지 알아본다면, 그것을 해결하기 위해 분주하게 노력한다면, 그들의 사업체는 지금보다 훨씬 나았을 것이다.

지금 우리의 모습은 어떤가? 100미터 달려놓고 다 뛰었다고 말하고 있지는 않은가? 내 무궁무진한 능력을 써보지도 않고 가둬놓지는 않았는가? 이것은 내 스스로에게도 항상 되묻는 질문이다. 그리고 그 질문에 대한 대답은 하나다. 지금 이 순간이 결코 내 목표 지점은 아니라는 점이다. 숨차지 않고, 길고

멀게, 평상심으로 넉넉하게 달려야 한다는 것이다. 상식의 파괴를 통해 나를 붙잡는 모든 고정관념의 장애물을 넘을 때 거기에서 새로운 스타트 라인이 시작된다는 것이다.

나는 힘들고 어려울 때면 80만 원으로 처음 용산상가에 들어섰던 그때의 초심을 돌이켜보곤 한다. 누구도 그때 내가 그 돈으로 지금의 사업체를 이룰 것이라고 믿지 않았다. 그들의 상식으로 그것은 불가능한 일이었기 때문이다.

그러나 나는 세상의 상식을 믿지 않았다. 달려들면 할 수 있으며, 내가 가장 잘 아는 분야를 하면 성공할 수 있다는 나만의 상식, 신념이 있었기 때문이다.

매출 2000억 원의 신화

1989년 80만 원으로 시작한 우리 회사는 이제 연 매출 2000억 원 이상을 바라보고 있다. 종업원 수만 해도 협력사까지 합치면 1300명이 훌쩍 넘는다. 이 같은 급성장을 이루면서 내가 가장 많이 받는 질문 중에 하나는 어떻게 사업체를 지금처럼 잘 이끌 수 있었냐는 질문이다.

물론 거창한 답을 할 수도 있다. 그러나 사실상 사업의 성공에 그렇게 거창한 진실이 필요한 것은 아니다. 나는 큰 기업이든, 작은 기업이든 잘 되는 집은 싹수부터 다르며, 작은 것부터 세심하다고 답하곤 한다. 누군가는 너무 소박한 대답이라고 웃을지 모르지만 이것은 내 진심에서 우러나온 말이다.

명동에 가면 창립 35년이 넘은 '명동교자' 라는 칼국수집이 있다. 이곳에는 평소에도 손님이 10미터 이상 줄을 선다. 나는 창립 20주년 행사의 일환으로 올해 6월 명동교자를 방문하고 아주 만족한 적이 있다. 물론 보는 사람에 따라 의견이 다를 수 있다. 소문만큼 서비스가 훌륭하지 않다거나 음식 맛이 형편없다는 말도 나올 수 있다. 그러나 최소한 내 눈에는 다른 평범한 칼국수 집과는 분명히 다른 면모가 보였다.

가장 눈에 띄는 건,

첫째, 업무의 시스템화였다. 그곳은 칼국수 집이었지만 여느 공장을 떠올리게 했다. 카운터가 움직이면서 집중 메모판을 사용하고, 직원들은 역할을 분담하는 동시에 멀티플레이어로 움직이고 있었다. 게다가 손님을 잘 모시고 싶다는 주인정신이 몸에 배어 있었다.

둘째, 리드타임이 1분 이내로 회전율이 매우 짧다는 것도 눈에 띄었다. 손님이 도착하면 10초 이내로 다가와 주문을 받고, 주문 후 1분 내로 음식이 도착했다. 준비와 배송을 빨리 하기 위해 심지어 신속한 무선 이어폰 시스템까지 사용하고 있었다.

셋째, 관리가 단순명료하다는 점도 훌륭했다. 이 식당에서는 전용 탁자 밑에 수저통을 설치해 셀프 서비스를 유도했고, 모든 메뉴가 단가가 통일되어 있는 데다 무한리필도 가능했다. 또한 주문 현장에서 선금을 계산함으로써 계산 절차를 즉시 종결하는 것도 훌륭했다.

넷째, 무엇보다도 이곳은 고객 중심적이었다. 손님의 사소한 농담도 즐겁게 받아들이고 찬이 떨어지면 요구하기 전에 먼저 제공했다. 또한 직원들의 깔끔한 미모와 수준 높은 대화 실력도 깊은 인상을 남겼다.

화장실 청결이 상대적으로 불량하고, 탁자 위 조명은 다소 어두웠고, 주방 요리대가 노출되지 않아 훈훈한 분위기가 없고, 벽장식 등 인테리어가 다소 조잡하다는 단점도 있었지만 나머지 장점들이 크다 보니 잘 눈에 보이지 않았고, 이 부분은 노력하면 얼마든지 충분히 개선이 가능해 보였다.

물론 지금까지 이야기한 것들은 사소한 것들일 수 있다. 그러나 나는 말만 번드르하고 행동은 느린 엘리트보다 공장에서 볼트와 너트 하나 쉽게 버려지는 것을 못보는 이들에게서 더 훌륭한 인재상을 본다. 작은 너트와 볼트 하나를 소중히 여기는 사람이라면 더 큰 것도 소중히 여길 것이지만, 반대로 작은 일에 소홀하면 큰일에서도 소홀할 것이다.

이것이 바로 케이디파워의 성장비결 중에 가장 중심된 지론이다. 나는 일을 하면서 작은 것도 사소하게 넘기지 않고 애정을 쏟는 태도의 내재화야말로 우리 회사를 키운 가장 강력한 힘이라고 믿는다.

예를 들어 우리 고객들은 한 프로젝트 당 최소 수천만 원을 발주한다. 이럴 때 나는 직원들에게 명동교자를 생각해보라고 말한다. 우리는 어떠했나? 거기서 겨우 7천 원짜리 국수를 먹으면서 지상 최고의 대우를 받기를 원했다. 그리고도 모자라 이 가게 전체의 인격과 노력을 30분도 안 되는 순간에 판단하고 일방적으로 칭찬이나 매도했다. "음, 괜찮은데." "에이, 음식 맛이 생각보다 별로네." 이처럼 고작 7천 원 지불했다는 이유로 땀흘려 이룩한 35년 역사까지 난도질 하는 이들이 바로 고객들이다. 그런데 우리 회사에 수천만 원을 발주하는 고객들은 어떻겠는가? 심지어 수십억 원을 발주한 이들은? 그들이 지불한 만큼 우리 역시 그들에게 제대로 된 서비스를 제공해야 한다. 작은 것 하나부터 큰 것까지 지불한 만큼의 대가를 해야 한다. 우리가 금년 2009년 7월부터 발주자들에게 7단계 해피콜을 진행하기 시작한 것도 그런 이유에서였다. 다음은 우리가 진행한 7단계 해피콜의 과정이다. 이 결과는 단계별로 확인해 e 프로세스에 프로젝트별로 고객의 반응을 빠지지 않고 기록했다.

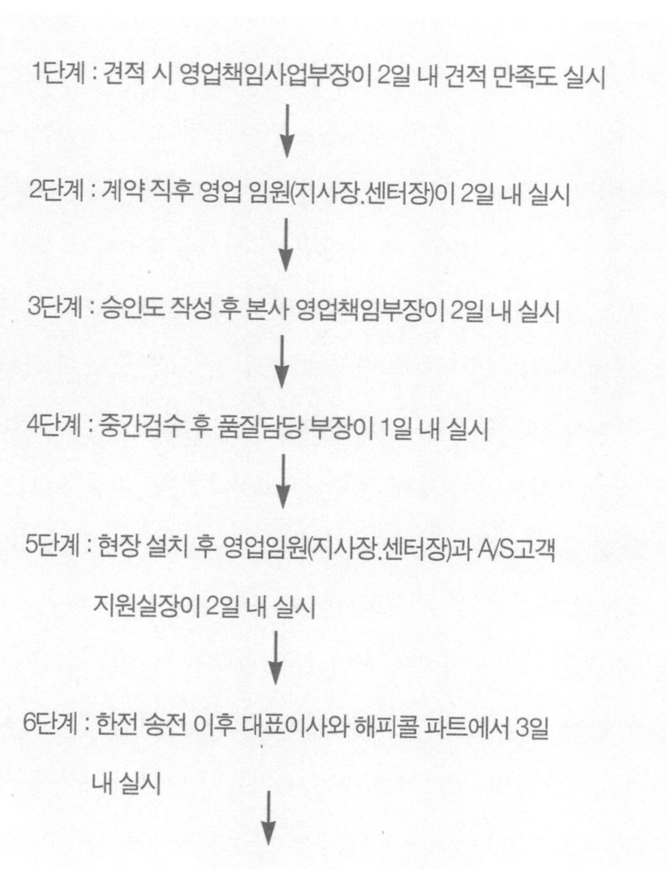

우리의 노력은 절대로 그냥 이루어진 것이 아니다. 그것은 고객과 기업 사이의 피드백의 결과이며, 서로간의 최대 만족을 향한 도전의 여정이었다.

굳이 몇 천 억원대의 매출이 아닌 한 해 매출 1억의 음식점도 다르지 않다. 뭔가를 하겠다고 결정했다면 가장 섬세하고, 진심을 다해 그 일에 몰두해야 한다. 그리고 그것을 통해 나를 찾아주는 고객의 마음을 사로잡아야 한다.

물론 세상에 숫자처럼 딱 떨어지는 성공 비법은 없다. 그러나 나는 이 단순하고도 뿌리 깊은 원리야말로 사업의 성공에 다가가는 가장 가까운 진리라고 굳게 믿고 있다.

쓸데없는 규칙은 필요 없다

우리나라 기업들은 CEO에 대한 의존도가 높다. 심지어 우수하고 일에 대한 열정과 기본 업무 자세가 뛰어난 임직원들조차 CEO가 일일이 가이드하고 일상에서도 목표를 정확하게 제시하지 않으면 궤도에서 쉽게 벗어나 버린다. 그런가 하면 바

같에서도 몇 가지 묘한 일이 당연시된다. 예를 들어 식사한 뒤에는 꼭 사업하는 사람이 돈을 낸다. 직급이 높은 윗사람은 사회적으로 만능 탤런트가 되어 도마 위에 쉽사리 오르내린다.

알고 보면 CEO처럼 불쌍한 사람들도 없다. 이리 치이고 저리 치이고 하루에도 가슴에 대못을 여러 개씩 박았다 뽑는다. 일상적인 전화 벨소리에도 깜짝 놀라고, 오랜만에 소주 한잔 하자는 말 앞에서도 무슨 이야기가 나올까 가슴 졸인다. 기대려고 해도 기댈 언덕이 없다.

사실상 기술개발이 전무하고 영업 환경이 후진적인 삼류 시장에서는 CEO의 단독 경영이 효과를 발휘했고, 이것이 하나의 강고한 규칙처럼 자리 잡았다.

하지만 지금 우리의 시장은 직원 개개인의 열정과 끼를 이끌어내는 인재 경영 없이는 절대로 높은 벽을 뛰어넘을 수 없다. 아니, CEO가 모든 것을 통제하고 이끌어야 한다는 논리는 이제 과감히 벗어나야 할 쓸데없는 규칙에 불과하다.

최고경영자가 세부적인 부분까지 참견하고, 눈으로 보이지 않으면 임직원을 믿지 못하고, 이에 길들여진 임직원도 소 외양간에 끌려가듯 한다면 결코 높은 목표에 도달할 수 없는 것이다.

이 같은 문제의식에서 내가 목표하는 것이 있다. 무간섭 유혹경영이다. 여기서의 무간섭은 여유가 넘쳐 방관이나 무관심으로 가자는 것이 아니라 자기책임을 단단히 틀어쥐고 공동의 경영목표를 향해 나아가자는 뜻이다. 물론 이런 무간섭 경영은 자칫 능력 없는 실행자가 방종으로 치달아 불행한 결과를 초래할 수도 있고, 준비되지 않은 일방통행 골목길에서 실패의 나락으로 떨어질 수도 있다.

그러나 성공이란 무엇인가. 그것은 개개인의 감성의 에너지에 접근해 각자의 숨겨진 욕망과 현실을 접목시키는 것이다. 세상의 규칙에 따라 닫아두었던 내면의 욕구, 억눌린 마음의 코르크 마개를 열어 현실에서 충분한 에너지로 증폭시키는 것이다. 그렇게 감성이 공기의 파장으로 퍼지고 그 결실들이 하나둘씩 현실화되는 것이 바로 개인의 성공, 나아가 집단의 성공인 것이다.

무간섭 유혹경영은 바로 직원들이 이처럼 스스로에 유혹되어 자신의 에너지를 발산하도록 만드는 경영 시스템이다. 꽉 닫힌 빗장을 조직이 먼저 열어 직원들이 그에 따른 연쇄반응으로 스스로 움직이도록 만드는 것이다.

앞서 이야기한 명동교자에서도 마찬가지이다. 약 10분 정도 긴 줄을 기다려 앉으니 웃는 얼굴의 종업원이 다가왔다. 그리고 주문하자마자 1분도 안 돼 김치가 배달되고, 채 2분도 안 돼서 만두가 배달되고, 총 3분도 안 돼서 칼국수가 배달된다.

그러나 무엇보다 감동적인 것은 직원들의 밝게 웃는 얼굴이었다. 분명 피곤한 상황일 텐데도 그들의 즐거움이 손님에게 전달되고 있었다.

우리가 "모두들 뭐 그리 즐거운 일이 있으십니까?" 물으니, "손님이 즐겁게 드시니까 좋아서 그렇죠"라는 대답이 돌아왔다. 일부러 짓궂게 월급은 많이 주나고 물었더니, 일말의 주저도 없이 "그냥 좋아서 하는 겁니다"라는 답이 돌아왔다.

그날 같이 음식을 먹은 분께 어떻게 저렇게 즐겁고 신날까 물었다. 그러자 그는 이렇게 답했다.

"월급을 높여주는 것도 한계가 있고, 직급을 높여주는 것도 한계가 있으며, 그렇다고 각자 하고 싶어 하는 일만도 시킬 수 없는 것이 조직입니다. 아마도 저런 힘은 스스로 일하는 방법을 찾아냄으로써 생겨난 상대적 행복감에서 비롯된 것일 겁니다."

그 말은 모든 해답을 쥐고 있었다. 그들을 그렇게 즐겁게 만든 건 바로 자발성의 힘이었다. 그날 이후 나는 무간섭 경영의 뼈대를 다음과 같이 잡았다.

첫째, 본인 스스로 셀프 리더십을 찾아야 한다.

둘째, 직원들에게 유혹의 에너지를 불어 넣어주어야 한다.

셋째, 철저한 보상정책으로 잘하는 사람이 대우를 받게

해야 한다.

유혹은 스스로 몰입해야만 그 답이 보인다. 유혹은 겸손해져야만 스스로 빛난다. 유혹은 계속 변화되어야 지속력이 있다. 유혹은 깊은 헤아림과 배려가 따라야 한다. 유혹은 전문적이여야 더 짙은 향기를 풍긴다.

다시 말해 무간섭 유혹경영이란 개인별로 맘껏 끼를 발휘케 하는 도구이자 각자의 책임과 의무를 다하게 하는 엑기스 경영, 기존의 경영 상식을 타파하는 새로운 도전인 것이다.

결론은 간단하다. 사업은 결국 고객을 유혹하는 일이다. 그렇다면 누가 그들을 유혹하는가?

바로 직원들이다. 그 직원들이 고객을 유혹하려면 먼저 자신이 그 일에 유혹당해야 한다. 자신을 사랑하지 않고 성공하는 자가 있겠는가? 자신을 극복하지 못하고 나아가는 자가 있겠는가?

명동교자가 즐거운 조직, 신명나는 조직으로 거듭되는 진화 속에서 일본 관광객과 국내 손님들의 명소로 자리 잡았듯, 만일 조직 안의 직원들이 신명나게 일하며 스스로의 일에 유혹 당한다면, 사소하게 목매다는 먹고사는 문제, 출세 문제 같은 껍데기들은 자연스럽게 벗겨질 것이다.

그리고 CEO가 모든 것을 이끌어가고 직원들은 사슬에 끌려가던 쓸데없는 배타적 피동조직의 규칙도 타파할 수 있다. 이것이 바로 기업과 직원 개개인 모두가 성공으로 갈 수 있는 유혹의 기술, 무간섭의 기술이다.

정년은 쓰러질 때까지

깊은 한밤중 문득 "지금 무엇을 위해 일하고 있는가?" 하는 질문이 떠올랐다고 하자. 당신은 무엇이라고 답하겠는가? 그 저 먹고살기 위해서, 젊어서는 일해야 해서 일한다고 답할 수 밖에 없다면 얼마나 비참하겠는가?

요즘 들어 정년이 짧아졌다. 이는 우리 사회가 노령인구를 등한시한다는 것을 뜻하기도 하지만, 동시에 대부분이 나이가 들어서까지 할 수 있는 일을 못 찾아 맥없이 손을 놓고 있다는 이야기도 된다. 즉 "이 정도 나이가 됐는데 어떻게 그런 일을 하나?", "이제 좀 쉴 나이도 되지 않았어?" 하는 생각이 은연중에 깔려 있는 것이다.

비단 사업체를 가지고 있지 않더라도 우리는 우리 삶에서 1인 CEO이다. 경기가 어렵다고, 난관이 닥쳤다고 당장 그 사업체를 접어야 하는가?

그렇지 않을 것이다. 힘에 부쳐도 일단은 씨 뿌린 땅을 끝까지 일궈가지 않으면 안 된다. 직장인도 마찬가지이다. 지금 연봉이 마음에 들지 않는다고 해서, 일이 힘겹게 느껴진다고 해서 그 자리에 주저앉을 수는 없다. 한 사람의 가치와 능력은 무덤에 들어가는 그 순간까지 끊임없이 성장하니 미래를 기대해야 한다.

2008년, 전기학회에서 반가운 연락이 왔다. 내가 그해의 전기인 대상에 뽑혔으니 공적 기록을 내달라는 것이다. 들어보니 그 상은 2008년도 전기계를 빛낸 한 명에게 주어지는 지명도 높은 상이었다.

나는 갑자기 주어진 상에 어리둥절하기도 하고 뭐 때문에 내가 상을 받는지 이해할 수 없었다. 스스로 한 것이 없다고 생각하는데 왜 내게 상을 주려는지 고민하면서 차일피일 미루다 보니 서류 제출 마감일 3일 전이 되었다.

그러자 다시 급히 연락이 왔다. 서류를 빨리 제출해 달라는 요구와 함께 차질 없도록 준비해 달라고 했다. 하지만 나는 마음을 굳힌 뒤였다. 나는 수차례 연락하게 만들어 죄송하다는 말씀과 함께 이렇게 답했다.

"저는 저 자신과 제 회사를 위해 열심히 일했을 뿐입니다. 사실상 전기학회를 위한 조금의 노력이나 역할을 한 바가 없으므로 금번 상은 사양하겠습니다. 정말로 죄송합니다."

전기인상은 전기업계에서 일하는 이에게는 그 어떤 상보다 영광스러운 상이다. 받고 싶은 마음이 조금도 없었다면 거짓말이지만, 솔직히 내 사업은 나 자신과 회사를 위한 것일 뿐이었다. 조금이라도 울타리를 벗어나 다른 이의 삶을 위했거나 더구나 전기학회를 위해 일한 적은 없었기에 양심이 나를 가만두지 않았던 것이다.

그러나 나를 결단으로 이끈 또 하나의 이유가 있었다. 그간 나는 준비 없이 큰 상을 받은 뒤 한껏 오만해지는 이들을 적잖게 보아왔다. 상은 일종의 성취와 목표에 도달했음을 의미하니 자칫 그럴 수도 있겠다 싶었다.

그러나 나는 아직도 길 위에 서 있었다. 가야 할 길이 멀었다. 다시 말해 내가 이룬 것들을 돌아보고 세상에 자랑할 순간은 아니라고 생각했다. 나는 아직 현역이었고 더 힘차게 뛰어야만 했고 할 일이 많았다.

여기서 다시 질문을 던져보자. 물론 정년이 되면 일을 그만 두고 살 수도 있다. 일의 굴레에서 벗어날 수 있다는 말이다. 또한 힘든 일을 가족이나 누군가를 위해 한다고 생각해서 지쳤다면 잠시 쉬어가도 좋다. 그러나 또다시 여기서 질문을 던져보고자 한다.

"우리는 누구를 위해 사는가?", "우리는 무엇 때문에 일을 하는가?"

아마 그 솔직한 대답은 그 "자신을 위해서"일 것이다. 회사를 위해서도 아니고, 가족만을 위해서도 아니다. 우리가 일하는 것은 궁극적으로 자기목표를 달성하고, 그 일을 통해 자기가 살다간 흔적과 뿌리를 남기려는 것이다.

그런데 대다수는 일이 조금만 힘들어지면 남을 위해, 주변을 위해, 조직을 위해 희생양이 되고 있다고 생각한다. 좀 더 편한 자리를 찾기 위해 이직하거나 포기하거나 끝간 데 없는 원망에 휩싸인다.

어떤 이는 일에 묻혀 사는 건 정말 싫다고 투덜댄다. 일은 인생을 즐기기 위한 도구일 뿐이고, 인생은 배부르게 먹고 푹 자고 흐르는 대로 살아가는 것이라고 말한다. 길어야 100년도

살지 못하는데, 좋은 사람 만나고 좋은 일만 해도 시간이 짧다는 것이다.

물론 맞는 말이다. 언젠가 김포공장에서 새벽의 별을 가르며 광명역에서 5시 44분 KTX을 타고 부산으로 향할 때 나 역시 잠시 그런 고민을 했던 것 같다. 며칠간 급한 일을 처리하느라 심신 모두가 지쳐 있던 상황이었다.

그러나 대전을 한참 지나 기차 너머로 보이는 아침 해를 보는 순간, 그런 고민들이 어둠과 함께 물러가는 것을 느꼈다. 몇 가지 질문들이 다시 떠올랐다.

우리에게 일은 무엇인가? 일은 우리에게 무엇을 제공하는가? 일을 우리는 어떻게 바라보아야 하는가? 소중한 시간을 빼앗아가는 흉물인가? 우리는 일에 어떻게 대응해야 하는가? 일에 파묻혀 살 것인가? 일을 즐기며 살 것인가?

결론적으로 나는 일이 얼마나 고마운 도구인지를 생각했다. 일은 먹고사는 일이자 자랑스러운 것, 명예로운 것, 꿈꾸고 미래에 이루고 싶은 소망을 이루어주는 것, 사랑하는 가족과 포근한 가정을 유지시켜주는 것, 각자의 서로 다른 꿈을 이어주는 큰 구름다리 역할을 해주는 멋진 예술 작품이었다.

그리고 나는 붉게 타오르는 태양에 굳게 약속했다. 어제보

다 더 내 일을 사랑하고 사랑할 것이며, 그 일과 함께 오는 아
픔도 피하지 않겠다고 말이다. 일을 시간과 시간을 이어주고
꿈과 꿈을 이어주는 감사한 도구로 여기겠다고. 그리고 일을
어떻게 바라보느냐에 따라 인생 전체가 달라진다는 깨달음이
생겼다.

우리는 누구나 자기 사업체를 이끌어가는 1인 CEO이다. 자
기 자신을 위해 살아가도록 프로그래밍된 고도의 생명체이다.
이제 각자 자신의 인생 전체를 하나의 사업으로 보고 각자 최
고경영자로서 자신만을 위한 경영전략을 펼쳐야 한다. 여기 성
공하는 전략 몇 가지를 세상의 모든 1인 CEO들에게 말씀드리
고자 한다.

1. 열정이 있는 분야에서 일을 시작하거나 열정으로 일을
   게임으로 즐겨라.
2. 자신이 선택한 분야에서 새로운 가치를 창출할 방법을
   강구하라.
3. 행동에 들어가기 전 머릿속에서 경영의 세세한 부분까지
   구상하라.
4. 정확한 평가 후 실행하고 출발하며 위험을 감수하라.

5. 행동은 24시간 내로 빠르게 실행하라.

6. 위기를 예측하고, 실패 속에서 교훈을 얻은 뒤 계속 전진하라.

대부분의 사람들은 시간이 부족하고 쫓긴다는 느낌이 들 때 일에 대한 거부감을 가지게 된다. 그럴 때 다음의 7가지를 기억하면 도움이 될 것이다.

1. 넓게 알면 시간 통제가 쉬워진다.

2. 앞에서 끌고 가면 시간이 훨씬 여유롭다.

3. 방향타를 정하고 셀프 컨디션으로 실행하라.

   그 다음은 내 시간이다.

4. 이왕 할 바에야 절절한 열정으로 순응하라. 곱빼기로 능률이

   오른다.

5. 목표를 분명히 정하고 사전에 프로세스를 정립하라.

6. 일은 혼자 하는 것이 아니다. 협조를 구하라. 남의 시간도

   내 시간이다.

7. 멀리 보고 훈수하듯이 한 수 위에서 보아라. 남는 시간이

   무지하게 많다.

주변을 살피다 보면 위의 원칙들을 몸으로 실행하는 사람들이 있다. 그런 이의 전화번호에 별표를 다섯 개 찍고 무조건 따라하라. 그들은 반드시 성공할 수밖에 없는 사람들이다. 그들에게 정년이란 없다. 인생 끝까지 자신의 목표를 위해 달려간다.

우리만은 주어진 시간만 축내다가 인체 수명이 다 되어 물러나는 인생 CEO로는 남지 말자. 사진을 찍어도 무대 중심에 서야 그 사진의 주인이 된다. 좌석에 앉아도 앞 중심 자리 근방에 앉아야 성공의 앞 대열에 낄 수 있다. 엘리베이터를 타도 중심에 타야 주변 사람을 둘러볼 수 있다. 우리 모두가 별 다섯 개의 주인공으로 기록될 수 있어야 한다.

같은 길을 멀리 가려면 필요와 희망이 절절하게 일치해야 한다. 그리고 회사 조직이 이런 1인 CEO로 가득 메워질 때 그 회사의 배는 결코 침몰하지 않고 고속 전진할 수 있다.

자기 이익만을 추구하지 말라

위대한 예술은 때로 범접하기 어렵다. 실제로 거장들의 작품을 보면 이해할 것 같으면서도 이해하기 어렵고, 잡힐 듯 하면서도 잡아내기 힘들다. 뭔가 알아냈다고 환호성을 치면 이미 모두가 알아버린 뒤인 경우가 많다. 훌륭한 조직의 이기는 기술도 마찬가지다. 어떤 면에서 그것은 하나의 예술이다. 거기에는 함부로 범접하기 어려운 개인기와 조직력이 있고, 물질보다는 정신이 우위에 있다.

회사가 빨리 망하는 길은 하나다. 무조건 물질적인 것에만 가치를 두는 것이다. 하지만 당장의 주판알만 생각하다 보면 고객과 직원들이 자기 조직을 떠받치는 가장 중요한 축이라는 것을 망각하게 되고, 결과적으로 그 회사는 오래 갈 수 없게 된다.

세상에서 절대 깨지지 않는 법칙 중에 하나가 기브 앤 테이크다. 받은 만큼 또다시 주지 않으면 그 관계는 균형이 깨진다. 그리고 기업도 고객과 직원에게 받은 만큼 물질적으로도 정신적으로도 무언가를 돌려줄 수 있어야 한다.

기업만 그럴까? 반대로 조직원도 마찬가지다. 단순히 회사를 출퇴근하는 곳으로 여기는 이들은 받은 월급 이상은 내놓으려 하지 않으니 일에서 창조적 발상이 나올 리 없다. 결국 성공하는 조직이란 조직과 조직원의 주고받는 양과 추구하는 방향이 같아야 하며 서로 많이 주고, 많이 받으려고 해야 한다.

살아가면서 대가 없는 노력에 대해 화가 날 때, 나는 내 삶을 하나의 예술이라고 생각하곤 했다. 범접하기 어려운 위대한 예술가의 화판 위에 점을 잇고 명암을 그리고 있다고 상상한다. 지금은 승부를 걸 때가 아니라 세계적인 명화를 내놓을 수 있는 기초 체력을 다지는 노력 중이라고 생각한다.

기업의 성공은 결국 조직과 조직원이 함께 그려나가는 그림이다. 잘 그려낸 그림을 내놓으면 그것을 보는 손님들도 창조의 기쁨에 푹 빠져 박수와 애정을 보낸다.

서로의 이익을 내세우고 반목하지 않으며, 필요한 것은 보완하고 잘하는 것은 더 부추겨 화판에 좋은 그림을 그려내는 예술, 당장의 이익보다는 장기적인 비전에 헌신하는 노력이 필요한 것이다.

경륜은 다소 부족할 수 있다. 전략에 착오가 날 수도 있다. 부족한 것은 괜찮다. 그것은 서로가 메우면 된다. 중요한 것은 함께 정한 한 방향의 목표로 각자가 지혜롭게 각개 약진하는 것이다. 서로를 탓하지 않고, 이익에 대한 욕망은 조금 접어두고 서로를 두 번 만날 수 없는 인생 동지라 여기며 같은 꿈을 꾸고 한 배를 타는 것이다.

몇 년 전 오래전에 함께 일했던 오랜 동료 한분을 만났던 기억이 선명하다. 그와 나는 개인적으로 친분이 있던 친구였다. 우리는 10년 동안 각자의 길을 가다가 결국 같은 직장에 있었고 2년 정도 함께 일을 했다.

그러던 차에 그와 관계가 악화되는 일이 생겨 우리는 서로의 가치와 이상이 맞지 않음을 알고 5년간 소원하게 지내오던 차였다. 물론 세상사 모든 일에 내가 옳은 것도 아니었지만, 그럼에도 합치점을 찾지 못해 가슴 아픔을 뒤로 하고 서로 다른 길을 갈 수밖에 없었다.

5년만의 어색한 만남이었지만 그럼에도 함께 했던 시간이 많았기에 자연스레 함께 했던 지난 30년 세월의 회포를 푸는 계기가 생겼다. 나를 잘 알고, 내가 살아온 모습을 잘 아는 그였기에 그의 한 마디 한 마디가 마음을 울렸다. 그간 우리의 변천사들을 풀어내는데 그가 문득 말했다.

"30년 전에는 자네나 나나 같은 키와 같은 몸무게, 같은 생각으로 비슷하게 출발하지 않았나. 20년 전에 전철역에서 스쳐 지나가면서 만났을 때는 둘 다 평범하면서도 당당하고 바쁘게 살아가는 모습이었고, 그리고 10년 전 만났을 때, 자네는 제조업 처음 시작하고 나는 18년 공직생활 청산했던 무렵이었지. 그리고 내가 명퇴한 뒤에 만났을 때는 그저 열심히 사는 줄만 알았네. 그런데 지금 자네들 회사를 보니 내가 얼마나 소박하게 생각했는지를 알겠네. 정말 상상 이상으로 회사를 잘 키웠

더군. 나는 그저 일을 먹고살기 위한 밥벌이로 생각했네. 내 삶에서 부차적인 것이라고 생각했지. 그리고 그간 회사를 5번이나 옮겨 다니면서 사장들의 마인드, 직원들 일하는 모습을 보면서 자네 생각이 났어. 자네 회사가 어떻게 이렇게 클 수 있었는지 그 일하는 마음 자세와 방법의 차이를 깨달았네.”

그 말을 주고받으며 우리는 한동안 침묵할 수밖에 없었다. 그는 내가 기껏해야 3~4년 열심히 하고 말 줄 알았다고 한다.

그 말을 듣고 나는 새삼 눈시울이 뜨거워졌다. 그간 달려왔던 시간들이 한꺼번에 머리를 스쳐지나가는 기분이었다. 나날이 숨쉬기도 힘들었던 긴장의 순간들, 위급한 순간마다 헌신했던 임직원들의 열정들이 떠올랐다. 그리고 그것을 깨우쳐준 그에게 감사한 마음이 들었다. 그날 우리는 술을 한잔 나누고 굳게 악수를 하고 헤어졌다.

돌아오면서 나는 감히 우리 회사는 일류전사들의 집합이라고 생각했다. 어떤 사람들은 위대한 예술로 스스로와 타인들을 감동시킨다. 반대로 어떤 사람들은 전쟁으로 사람들을 죽이며 제 욕망만 채운다. CEO는 예술가도 될 수 있고, 전쟁광도 될 수 있는 사람이다.

그런 상황에서 자기 포지션을 택하고 그것을 신념으로 일

귀가는 일은 결코 쉽지 않다. 자기 이익만 추구하고 제 배만 불리기 위해 타인을 짓누르는 민감한 전쟁광이 될 가능성이 훨씬 높기 때문이다.

그러나 자신의 일에 대해, 사업에 대해, 인간관계에 대해 단호히 그런 관점을 거부하고 예술가의 길을 택한 이들도 있다. 예술가는 자기 작업을 즐긴다. 신념이 있으므로 고난에도 끄떡없다. 본인이 좋아하는 일을 하니 항상 신명이 난다. 얼굴에는 미소가 가득하고 몸 안에서는 맑은 힘이 솟아난다. 일이 잘 풀리니 가족의 행복과 화합은 물론이고, 먹고사는 의식주와 사회적 명예도 얻을 수 있다.

자신의 삶에서 예술가로 사는 법은 다른 것이 아니다. 자신의 일을 사랑하고 그것을 결코 이익에만 매달리지 않으며, 그 안에서 엉겅퀴 같은 일상에 얽매이지 않고 자신의 창조성을 발휘하는 것이다.

그리고 우리 회사 역시 다르지 않다. 일하는 모두가 자유롭고 삶의 구속으로부터 탈출할 수 있는 삶, 그것이 바로 우리 모두가 함께 그리고자 하는 궁극적인 그림인 것이다.

디테일하게 살피고 디테일하게 실행하라

나는 일의 성패는 디테일에서 난다고 생각한다. 아무리 거창한 계획을 짜도 예민한 감각으로 실행할 수 있는 디테일의 힘이 없다면 그 일은 결코 현실화될 수 없기 때문이다.

톰 피터스는 리더의 4가지 역할을 다음과 같이 꼽았다.

첫째, 최고가 되려는 신념
둘째, 디테일에 대한 집념
셋째, 창의성 응원
넷째, 실패에 대한 지원

이 중에 내 눈을 가장 끈 부분이 바로 디테일이다. 업계에서의 경험으로 볼 때, 이 바닥의 고수들은 대부분 디테일에 강하다. 성공한 사람치고 결코 대충하고 얼렁뚱땅 지나가는 사람이 없다. 때로 보통 사람들은 이런 면을 이해하지 못하고 이렇게 말한다.

"뭘 저렇게까지 하나. 대강하지, 저래서야 피곤해서 어떻게 살아?"

하지만 모르는 소리다. 그들이 인정을 받고 오늘날의 고수가 된 것은 그처럼 디테일에 섬세하게 반응하고, 모든 것을 전략적으로 점검했기 때문이다. 그렇다면 왜 그들은 디테일을 중요하게 여기는 걸까?

설계도를 보자. 아무리 큰 그림을 잘 그려도 세부적인 그림을 제대로 그리지 못하면 소용없다. 전기 공사에서는 작은 전선 하나만 끊어져도 전체 건물이 어둠에 잠긴다. 다른 일도 마찬가지다. 설계도를 짜듯 치밀하고 정확하며, 눈에 잘 보이지 않는 부분들을 감당해낼 줄 알아야 한다. 심지어 그렇게 완벽히 해도 때로는 실수가 생길 수 있는 게 바로 삶이고 사업이다.

실제로 전략 없는 회사, 세부적인 부분을 점검하지 못하는 회사는 오래 살아남지 못한다. 대부분의 사람들은 사업의 승부를 비전이나 전략 같은 큰 아젠다에서 찾는다.

그러나 현실은 다르다. 한 회사의 존망은 오히려 디테일에서 결정 나는 경우가 많다. 사실 어느 회사나 비전과 전략은 비슷비슷하다. 이를테면 '고객만족'이라는 구호를 보자. 세상 어느 기업이 "우리 회사는 고객만족 따위는 신경 쓰지 않습니다"라고 얘기하는가?

그런데 정작 중요한 것은 실제로 고객들이 이를 충분히 체감하고 있느냐다. 즉 디테일한 부분에서 세세하게 다가가야 그들의 인정을 얻을 수 있다.

예를 들어 나는 한 회사를 평가할 때 그들의 주차장, 콜센터 등을 유심히 본다. 이 두 가지를 보면 그 회사의 수준을 알 수 있다. 모 전자상가는 장사가 안 되기로 유명하다. 휴일에도 대부분 가게는 파리만 날린다. 하지만 주차하기는 의외로 힘들다. 그 상가 직원들이 주차하기 편한 지하 1층과 2층을 모조리 차지하기 때문이다. 결국 자신들이 좋은 자리를 차지하고 앉아 고객을 쫓아내는 형국이다.

반면 매일매일 사람이 붐비는 강남의 모 백화점은 오히려 주차의 천국이다. 우선 주차장이 넓다. 입구부터 시작해 촘촘히 직원들을 배치해 운전자들이 빈 곳을 찾아 이동할 필요조차 없다. 직원들은 가장 편한 자리를 고객에게 내준다.

별것 아닌 주차장 하나에서도 이렇게 큰 차이가 나는데 나머지는 더 봐서 무엇 하겠는가?

대부분의 경영인들은 주차장에 신경 쓰지 않는다. 그들은 얼마든지 쉽게 주차할 수 있기 때문이다. 그러면서도 고객만족을 하라고 직원들에게 외치고 다닌다. 진정한 디테일에서의 실패다.

그런가 하면 콜센터도 다르지 않다. 번호를 한없이 누르게 하는 콜센터가 있다. 고객만족을 위해서 있는 콜센터가 오히려 고객 가슴에 불을 지른다. 이런 콜센터는 상담원과 연결되기도 전에 전화를 끊고 싶어진다.

요즘 들어 대부분의 기업은 주차장과 콜센터를 아웃소싱하고 있는데, 나는 이에 대해 부정적이다. 그들은 이런 것쯤이야 비즈니스에 별 영향을 미치지 않는다고 말한다. 정말 그럴까? 고객들은 작은 것에 실망하고 차갑게 등을 돌려버린다.

그런가 하면 경영과 관리 또한 디테일이 강해야 제대로 할 수 있다. 내부 관리가 잘 되는 회사들은 이익률은 다소 낮아도 지속적 성장이 가능하다. 승승장구하던 벤처들이 무너진 이유를 보자. 바로 관리의 소홀이다. 재무 상태는 어떤지, 직원들은 어떤 식으로 일하는지, 각 업무들에 어려움은 없는지, 지금 필요한 행동은 무엇인지 알아야 그에 걸맞은 효율적인 관리도 가능한데, 갑자기 들어온 돈에 취해 상품 개발과 투자에만 열을 올리다가 모래성처럼 폭삭 무너진 것이다.

삼성그룹의 고(故) 이병철 회장은 디테일의 경지에 이른 사람이라고 해도 과언이 아니다. 그는 작은 시그널에서 큰 징후를 읽는 능력을 가지고 있었다. 그가 공장을 방문할 때 다음 3가지를 봤다는 얘기는 지금까지도 공공연히 회자된다.

하나는 현장의 청결 상태, 둘째는 공장 앞 나무들의 건강 상태, 셋째는 기숙사의 정리정돈 여부였다. 이것만 봐도 직원들의 정신과 마음의 상태, 충성도, 만족도 등을 어느 정도 알 수 있었기 때문이다.

티끌 모아 태산이다. 티끌을 모으지 않으면 태산도 없다. 성공적인 디테일을 위해선 계산된 한가함이 필요하다. 성공이란 움직이는 과녁에 화살을 쏘아 맞추는 게임이기에 동(動)적인 생각의 스핀들이 필요하다.

그런가 하면 디테일이 강하면 리스크도 훨씬 줄어든다. 산길을 많이 다녀본 사람들을 잘 알 것이다. 사람은 큰 돌에 걸려 넘어지지 않는다. 큰 돌은 눈에 잘 보이니 조금만 주의를 기울이면 피해 갈 수 있다. 그러나 오히려 작은 돌을 소홀히 했다가는 실족사할 수도 있다.

이와 관련해 외국의 한 글로벌 제약회사의 사례가 있다. 그 회사는 엄청난 연구비용을 투자해 요실금 치료제를 개발해 전 세계에 특허 출원하는 쾌거를 이루었다. 모두가 축제 분위기인 상황에서 엉뚱한 일이 일어났다. 직원의 실수로 카피 방지 계약서에 우리나라의 영어 지명을 'North Korea'로 기재한 것이다. 덕분에 'South Korea'인 우리나라 제약회사는 마음껏 그 회사 제품을 카피해도 법적으로 아무 제재를 받지 않을 수 있었고, 결국 그 글로벌 제약회사는 우리나라 회사들의 모방품 때문에 수백억 원의 손해를 봐야 했다.

우리 회사도 예외가 아니다. 98년에 일체형 수배전반의 원천발명을 하고도 특허 권리항을 잘못 기재해 후발주자를 100% 제압하는 규정항목을 만들지 못했고, 그 결과 수천억 원의 모방품을 경쟁사들에게 내주는 꼴이 되었다.

마지막으로, 제품도 마찬가지다. 한 제품이 최고 경지에 도달하려면 디테일에 강해야 한다. 한 분야를 평정한 기업의 고수들은 대부분 품질에 병적으로 집착한다.

일례로 세계 최고의 디자이너 조르지오 아르마니를 보자. 그는 전 세계에 320개 매장과 5000명의 직원을 두고 있고 연매출만 20억 유로에 이른다. 이런 거대한 매장을 관리하다 보면 지칠 법도 한데, 그럼에도 그는 여전한 완벽주의자다.

그는 패션쇼 소품으로 쓰이는 꽃 장식 하나, 패션모델의 발걸음 하나까지 직접 챙긴다. 자신이 운영하는 호텔과 리조트에서도 마찬가지다. 가구와 인테리어는 물론 직원 유니폼 디자인까지 직접 관여한다. 그는 이렇게 말한다.

"뭔가 인생에서 의미 있는 것을 이루기 위해서는 가장 작은 디테일에 신경 쓰는 것이 필수적입니다. 뭔가 비범한 것을 창조하기 위해서는 집요할 정도로 가장 작은 디테일에 몰두해야 합니다."

둔한 사람은 절대 최고경영자가 될 수도 없고, 되어서도 안 된다. 예민하고, 까다롭고, 집착 증세가 있는 쪽이 훨씬 성공한다. 특히 품질에 대해서는 더 그래야 한다. 소소한 고객의 클레임에 밤잠을 설쳐야 한다.

더러운 사무실 상태를 보고 흐트러진 기강을 읽어내는 눈, 직원들의 처진 어깨를 보고 자신을 돌아보는 성찰, 충성고객 하나를 잃고 왜 그가 떠났는지 집요하게 파헤치는 탐구력, 이 모두가 최고의 리더를 만드는 성품이다.

그러나 디테일을 챙길 때도 조심해야 할 것이 있다. 바로 우선순위다. 작은 것을 보다가 큰 것을 놓친다면 디테일에 강한 것도 아무 의미가 없다. 다음은 디테일을 고민할 때 앞서서 생각해봐야 할 부분이다.

첫째, 정말 신경을 써야 할 것과 그렇지 않은 것을 구분해야 한다.

앞뒤 가리지 않고 디테일하게 파고드는 것은 조직을 피곤하게만 만들 수 있다. 즉 디테일에 강한 리더가 되기 위해서는 의도된 한가함 또한 필요하다.

빠른 속도로 움직이는 차 안에서는 경치를 즐길 수 없듯이 사소한 것에서 의미 있는 메시지를 읽으려면 여유가 있어야 하기 때문이다. 그런 면에서 알맹이 없이 분주하기만 한 리더는 최악의 리더가 될 가능성이 높다. 경중을 가리는 능력이 없는 분주함은 방종에 불과하기 때문이다.

둘째, 현장과 밀착해야 한다.

리더는 아래로부터 보고를 받는 데 익숙하기 때문에 대다수 가공된 정보를 전달받을 가능성이 높다. 직원들의 입장에서는 결코 상사에게 나쁜 모습을 드러내 보이려 들지 않는다는 것을 미리 알고 현장에 주의를 기울여야 한다.

셋째, 솔직한 얘기를 해줄 채널이 있어야 한다.

리더는 항상 혼자이며 중요한 결정을 혼자 내려야 할 때가 많다. 일종의 장막에 둘러싸인 상황이니, 부정적인 사건도 포장되고 가공되어 별 것 아닌 일처럼 전달되기 십상이다. 따라서 솔직하게 조언을 주고받을 수 있는 현장 채널을 두는 것이 반드시 필요하다.

넷째, 결국 리더는 어느 하나만 잘해서는 안 된다.

리더는 복합적인 능력이 필요하다. 리더는 5분 후의 일과 5년 후의 일을 동시에 걱정할 수 있어야 하고, 현미경과 망원경을 같이 볼 수 있어야 한다. 미시적인 코앞의 나무와 거시적인 숲을 동시에 보아야 한다. 무엇보다 작은 시그널에서 큰 기회의 싹을 볼 수 있어야 하고, 위기를 감지해낼 수 있어야 한다.

4
장

눈에 보이지 않는 것이
미래를 바꾼다

앞으로 다가올 세상은 우리 눈에 보이지 않는 감성과 이야기 등

의 새로운 채널이 강조되는 세상이기 때문이다. 다시 말해 21세

기 경영자가 갖춰야 할 최고의 미덕이란 부족한 부분이 있다면

그것을 채워나가고, 강점이 있다면 키워나가고, 각각의 균형과

지렛대를 적절히 조율하는 멀티테스킹의 힘일 것이다.

시야가 좁으면 미래를 앞서갈

수 없다. 삶도 경영도 결국은 얼마나 넓고 폭 깊은 시야를 가졌
는가에 따라 성패가 난다. 예를 들어 회사 경영은 리더의 지식
정도에 따라 효율성이 달라진다. 정확한 타깃 설정과 스토리에
따라 회사의 목표도 변한다.

나는 나이가 들수록 세상에 눈에 보이지 않는 것들이 더욱
많다는 것을 느낀다. 그래서 그 부분들을 더 섬세하게 살펴야
할 필요성을 느낀다.

최근의 경제불황을 보자. 과연 우리나라의 CEO들 중 몇 명이
나 밝음속에서 서서히 드러나는 작은 징후들을 눈치 채고 먼저
대비했을까? 아마 그다지 많지 않을 것이다. 설사 알았다 하더라
도 눈에 보이지 않는다는 이유로 그 대비를 미뤄왔을 것이다.

이런 이유 때문에 나는 항상 매사에 긴장하고 나 자신을 점

검해보곤 한다. 이를테면 나는 좋아하는 것만 깊게 파고드는 경향이 있다. 언어 구사력과 기억력도 부족하다. 감성과 디자인적 요소에 관심이 많은 반면, 정치적 여론 형성과 일상적 관심사에는 크게 비중을 두지 않는다. 그에 해당하는 지적 요소도 부족하다. 어쩔 때는 이것이 장점이지만 때로는 단점일 때도 많다. 물론 어떤 사람이건, 인간인 이상 부족한 점이 있다. 그러나 리더는 그 부족한 면에 힘을 보태 스스로를 균형 잡힌 인물로 지속적으로 만들어갈 필요가 있다.

최근의 내 중요한 목표 중에 하나는 바로 시야의 확장이다. 지금껏 세부적인 것들을 파고드는 성격이었다면, 이제는 눈에 보이지 않는 것에서 시작되는 미래를 캐치할 줄 알아야 할 것이다. 앞으로 다가올 세상은 우리 눈에 보이지 않는 감성과 이야기 등의 새로운 채널이 강조되는 세상이기 때문이다.

다시 말해 21세기 경영자가 갖춰야 할 최고의 미덕이란 부족한 부분이 있다면 그것을 채워나가고, 강점이 있다면 키워나가고, 각각의 균형과 지렛대를 적절히 조율하는 멀티테스킹의 힘일 것이다.

대한민국 CEO로 살아간다는 것

CEO는 조직의 전체를 보고 뛰는 사람이다. 그러나 기업은 결코 CEO 한 사람의 역량만으로는 굴러갈 수 없다. 아무리 훌륭한 CEO가 있어도 각자의 영역에서 크고 작은 일을 헤아리는 임원, 회사 구석구석을 활력으로 채우는 직원들이 없다면 아무 소용이 없다. 물론 CEO에게는 이런 임직원들에게 동기를 부여하고 능력을 발휘할 수 있는 환경을 제공할 필요가 있다. 그러나 중소기업의 CEO, 나아가 대한민국 CEO라면 때로 안타까운 한숨을 쉬며 이런 생각을 할 것이다.

"마음과 손발이 척척 맞는 임직원이 3명만 더 있다면 얼마나 좋을까, 그러면 더 신명나게 회사를 이끌고 조직 모두가 성공할 수 있는 길로 갈 수 있을 텐데, 한번뿐인 인생을 더욱 더 소중하게 사랑하고 갈 수 있을 텐데, 우리 회사와 조직이 날개를 활짝 펼 수 있을 텐데…."

최근 들어 인재 부족이 모든 CEO들의 걱정거리로 등장했다. 요즘 사회 분위기는 적당하게 일하기, 열의 없는 업무 추진, 허술한 부주의와 무관심 등이 직장인들의 당연한 행동처럼 여겨지기 때문이다.

그런가 하면 최고의 효율적인 조직이론이라고 인정받는 20

: 80법칙이나 상위 1퍼센트 성공이론도 현실적으로는 보는이에 따라 기분이 착잡하다. 한두 사람이 모든 조직을 이끌어간다는 건 사실상 비효율의 극치에 다름 아니고, 이런 이론대로 현상이 팽배하면 직원들도 회사를 자기 것으로 여기기 어려워지기 때문이다. 사실상 아무리 CEO가 발이 닳도록 뛰어도 그 조직의 임직원이 움직이지 않으면 그 기업의 성공은 요원하다. 기적이라도 일어나던지, 돈벼락같은 행운이 로또 복권 당첨되듯 하늘에서 뚝 떨어지든지, 도깨비 방망이를 구하던지 하는 방법밖에 없다.

다시 말해 임직원 모두가 스스로 알아서 노력하고 행동해서 먹고살아야 한다는 절체절명을 느끼지 않는 이상, CEO들은 혼자 분주히 뛰어다니다가 무너지기 일쑤다. 그런데 세상일은, 마음대로 되지 않으니 미움만 쌓여간다. 게다가 주변에는 CEO가 미워하는 천태만상들도 가득하다.

- 늘 부정적인 생각의 폭 좁은 도랑으로만 주변을 몰고 가는 사람,

- 교육할 때는 담배와 휴대폰으로만 매달리고 실행할 때는 딴소리를 하는 사람,

- 반복되는 실수를 개선하지 않고 당연시 받아들이는 이들,

- 한 순간의 영웅적 결실을 365일 평생 약발로 삼으려 하는 사람,

- 말로는 안 되는 일이 없고 침 튀겨대는 영웅괴담의 주인공이지
  만 실전에는 약한 사람,

- 항상 전시 상태인 듯하지만 먼발치에서 폭죽만 터져도 뒷전으로

- 숨어버리는 사람. 미국중앙정보국 CPU를 탑재한 듯 지레
  처음부터 딴전인 사람,

- 버스 떠난 뒤에 헛발질만 연속하는 사람,

- 일하라고 준 직급으로 권력 행사하며 폼만 재는 사람,

- 꼬인 실타래를 재생 불가능하도록 더 꼬이게 만드는 사람,

- 중심까지 가지 못하고 도중에서 뜬구름 잡는 사람,

- 분석적이지만 개똥철학과 심미학에 매달리는 사람.

훌륭한 사람도 많지만 이렇듯 미운 사람도 끝이 없다. 그렇
다고 당장 그들에게 한 소리하지도 못한다. 막상 이런 이야기
를 하려 들면 금방 악덕 기업주라고 험담을 듣고 원망의 눈초
리를 받는 게 CEO 입장이기 때문이다.

실제로 내게 연말은 늘 불편하고 괴로운 시간이다. 열심히
일하고 있는 근로자의 가혹한 근무 환경, 이에 대한 처우에 대
하여 동정 어린 목소리가 하나의 레퍼토리처럼 전 매스컴에서

들려온다.

그러나 함께 할 수 있는 믿을 만한 직원을 구하느라 때 이르게 흰머리가 듬성한 CEO, 애타게 찾은 조력자가 빈둥거리기만 해서 반복해 해고를 결심해야만 하는 최고경영자의 인내와 불면의 밤에 대해서는 아무 얘기도 하지 않는다.

작은 아파트 집문서까지 저당 잡히고 운영자금 대느라 지쳐버린 가족들에게 고마움을 표할 시간은커녕, 하루하루를 배수진 치고 천 길 낭떠러지를 웃음 반 갈등 반으로 한 발자국씩 전진하는 그 뒷모습을 부귀영화로 사치 부리는 대상으로 포장해 공격하는 이들은 또 얼마나 많은가.

그런 말을 들을 때면 정말로 나 자신이 얼음가스로 가득 채워진 냉혈인간은 아닌가 반성하고 섬뜩해지기도 한다. 그러면서도 마음 한구석에서는 차가운 냉혈인간도 육체적 불구 못지 않게 불쌍히 여겨야 하는데 매일 주어진 일을 수행하느라 고군분투하는 사람들에게도 눈물 한 방울쯤은 흘려주는 건 어떤가 하는 생각도 든다. 남들은 다 퇴근해도 일이 끝나지 않는 이들, 새벽 새소리보다도 일찍 눈 뜨고 아침길을 달려가는 이들, 무관심과 배신 속에서 버티려고 애쓰다가 속병이 들어 약봉지를 식사 때마다 한 봉지씩 털어넣고 금방 머리가 새어버리는 이들, 이렇게 밤낮없이 무모하게 뛰는 이들일수록 초겨울 된서리는 더 세차게 내린다.

돌이켜보면 기업체가 커질수록 경영자의 고충도 커지게 마련이다. 돌이켜보면 나 역시 회사 규모가 작았을 때, 신입사원을 만나 연봉조정할 때가 좋았다는 생각이 든다. 특히 마음이 허전한 연말쯤이면 서로 믿음으로 크고 작은 일을 함께 겪었던 세월, 아픈 일도 기쁨도 한 지붕 아래에 겪으면서 나아갔던 정감 있는 세월들을 몇 번이고 떠올리게 된다.

그러나 이런 생각마저도 오래 할 틈이 없다. CEO가 외롭고 어려운 건 누구나 마찬가지이니 엄살은 그 정도면 된다.

미국의 대통령이었던 토머스 제퍼슨은 "화가 나면 열까지 세고, 상대를 죽이고 싶을 정도로 화가 나면 백까지 세라"는 글귀를 집무실 한쪽 벽면에 걸어 놓았다고 한다. 비단 대한민국의 어려운 기업 환경이 아니라도 전 세계의 대부분 CEO들이 비슷한 고민을 하고 지낸다는 것도 하나의 위안이라면 위안일 것이다. 또한 꿈꾼 만큼 이루어지는 것이 세상사인 만큼 꾸준히 나아가다 보면 간절히 원하는 사람들을 또 다른 인연 길에서 만날 수 있으리라.

이제 CEO에게 필요한 것은 주변 탓도, 좋은 시절의 회상도 아니다. 오늘 뛰면 내일 좀 더 나을 수 있다는 마음으로 분주하게 뛰는 부지런한 두 다리뿐이다.

어느 영업사원은 1년에 10켤레의 구두가 닳는다는 말을 들은 적이 있었다. CEO라고 무엇이 다른가?

수없이 문전박대를 당하고 돌아서고도 또다시 초인종을 누르는 세일즈맨 그 이상의 부지런함과 용기가 CEO에게는 필요하다. 경제 불황, 인재 불황, 그 모든 환경적이고 정신적인 불황에도 꿋꿋이 걸어가는 사람, 사실상 CEO라는 위대한 직함은 부모 재산 물려받아 기업체 명패 걸고 한 상 거하게 차리는 이들이 아니라 바로 이런 무모하다싶을 정도로 돌탑쌓기에 절절함과 열정과 신념으로 도전하는 CEO에게 주어져야 할 것이다.

멀티테스킹 경영 리더십이 승리를 끌어낸다

최근들어 전쟁의 승패에 많은 관심을 가지게 되었다. 그러던 중에 여러 책들을 읽고 시장이라는 전쟁터에서 한 가지 승패를 결정하는 중요하고도 간단한 사실을 발견했다. 승자인 쪽에서 본다면 한쪽은 전력을 다해 싸웠고, 다른 한 쪽은 그렇지 않았다는 것이다. 한 전쟁 심리학자는 전쟁의 승패에 대해 이렇게 이야기한다.

"사람은 누구나 자기가 유리한 측면만 조명합니다. 전쟁의 승패는 대부분 거기에서 나누어집니다. 자유로운 의사결정에 심각한 오류가 먹구름으로 가득 채워진다는 뜻입니다."

성공하는 조직은 오히려 약점을 드러내 개선한다. 유리할 때는 고개를 뻣뻣하게 하고, 불리할 때는 침묵으로 일관하는 대신 취약한 부분을 고치고 또 고쳐 완벽해진 다음에 시장이라는 전쟁에 뛰어든다.

그렇다면 지금 대한민국의 경영인들의 리더십에서 가장 큰 약점은 무엇일까? 바로 멀티테스킹 능력의 부족이다. 통 큰 배짱과 섬세함의 조화가 어렵다는 뜻이다. 통 큰 사람은 통만 크고, 섬세한 사람은 너무 작은 일에만 시야를 가둬둔다. 이런 면에서 최근 미국 대통령으로 당선된 오바마는 리더십의 3가지 모범을 준다.

첫째는 명확한 비전의 중요성을 알라.
: 커다란 목표를 리더가 먼저 제시하고 조직원들에게 반복적으로 주입해야 조직원들도 흔들리지 않도록 밀고 나아갈 수 있다.

둘째는 큰 고기만 잡으려 들지 말고 작지만 새로운 시장을
개척하라.

: 그는 힐러리 클린턴 후보가 캘리포니아 등 큰 시장에서 공
략할 때, 네바다 등 관심이 떨어지는 곳에서 찾아다니며 계기
를 도모했다.

셋째는 인적 자원을 충분히 활용하라.

: 오바마는 언론의 인적 자원을 충분히 활용해 자신에게 불
리한 내용은 비교적 작게 만들고, 유리한 내용은 부각시키는
방식을 능수능란하게 활용할 줄 알았다.

잭 웰치 회장은 자타가 공인하는 경영의 귀재로 통 큰 면모
에 반해 남다른 솔직함까지 가지고 있었다.

예를 들어 그는 조직의 경쟁력을 깎아먹는 하위 10%의 직
원들에게 대놓고 그들이 하위에 속한다고 말해주었다. 그래야
그들도 하위 10%에서 벗어나도록 노력하고, 아니라면 본인에
게 더 잘 맞는 일을 찾아갈 수 있기 때문이다. 그리고 이 사례
는 그가 기업 경영에 있어 대범함과 동시에 섬세함을 가지고
있었음을 잘 보여준다.

우리나라 역사상 가장 위대한 장군 하면 누가 먼저 떠오르는가? 아마도 이순신 장군일 것이다. 그는 세계 누구와 비교해도 특출한 전략가이자 헌신적인 장수였다. 그는 총 43차례 해전을 치렀는데, 고작 3번 빼고는 모두 불리한 상태에서 전투를 시작했음에도 모두 승리했다.

그는 지략가였고 자신의 군대의 약점과 강점을 알았으며, 그것을 최대한 이용했다. 그런가 하면 커다란 전략에만 능한 것이 아니라 바람의 세기와 밀물과 썰물 등 자연의 이치를 완전하게 파악하고, 전투에 참여하는 부하들을 위해 집안의 대소사까지 챙기는 섬세함도 있었다.

또한 적들의 심리적인 동향까지 분석해 혼돈을 안겨주고 주변의 모든 역량을 끌어 모아 단칼에 몰아치는 유연성까지 갖추었다. 또한 이순신 그 자신도 절절함과 애국심이 자연스럽게 몸에 배어 있고, 어떤 경우에도 중심을 잃지 않는 책임감으로 자신을 통제했다.

즉 그에게는 그 전투를 승리로 이끌 수밖에 없도록 모든 것을 통합하는 멀티테스킹 조율 능력이 있었다.

최근 들어 극심한 불황이 기업 환경을 뒤흔들고 있다. 이럴 때일수록 전략적이고 다방면적인 멀티테스크 기업 경영이 중요하다는 목소리가 크다. 그렇다면 어떤 방식으로 이 멀티테스크 경영을 성취할 수 있을까?

첫째, 일단 큰 전략에 강해야 한다.

크게 준비하지 않는 기업은 앞으로 더 힘든 한파를 겪을 것이다. 흔히 전쟁에서 진 장수는 용서해도 전략에서 진 장수는 용서할 수 없다는 말이 있다. 전략은 사전에 충분하게 노력해서 채울 수 있는 것이기 때문이다.

둘째, 완벽한 성공 줄거리를 가져야 한다.

진짜 히트하는 영화는 감독이나 출연진만 훌륭해서는 안 된다. 가장 중요한 성공요인은 시나리오 작가의 전략적 알찬 구성력에 있다. 그러한 것처럼 한 기업의 시나리오 작가는 바로 리더, CEO이다.

셋째, 작은 일에도 세심하게 주의를 기울일 줄 알아야 한다.

아무리 크고 훌륭한 전략도 그것을 밑받침해주는 작은 디테일이 없이는 성공까지 다다르기 어렵다.

인생을 기계적으로 정해진 일만 하는 사람들은 설계되어지고 정해진 프로세스로 살아갈 수밖에 없다. 그러나 삶을 주도하는 리더, 조직의 리더는 반드시 전체를 알아야 한다.

기억하자. 진정한 리더에게는 사소한 일이란 건 없다. 작은 일이 가장 큰 일이며 큰 일이 가장 중요한 일이다.

불황을 기회로 잡는 CEO 마인드

주변을 보면 '대체 무슨 배짱이 저리도 크나' 싶을 정도로, 천성적으로 위험을 즐기는 사람들이 있다. 그들은 모험을 두려워하지 않고 배수진을 치며 훌륭하게 소화해낸다.

외부 회의 차 한국전력에서 아침식사를 할 때였다. 과거 LG전자의 사장으로 역임하던 시절 "5%는 불가능해도 50%는 가능하다"라는 말을 남기고 가전업계에서 거의 신화적인 전설로 알려진 김쌍수 사장과의 식사였다. 그는 정확히 7시 29분에 나타났다. 힘 있고 자신감 넘치는 모습이었다. 그는 나를 보자 "평생 10분 일찍 나오는 것이 습관이 됐지요"라고 말하며 곧바로 자리에 앉았다.

그간 나는 어려울 때일수록 현장이 중요하다고 생각했다. 혁신은 머리만 굴려서는 나오기 힘들다. 직원들이 어떤 생각을 하고 어떻게 움직이는지, 시장은 어떤 톱니바퀴로 굴러가는지 선명히 드러나는 현장 안에서 답을 찾아야 한다.

우리 회사 또한 현장 중심의 혁신을 시도했고 일정한 성과도 있었다. 대개의 사람들은 10%~20% 목표에도 한계의 벽에 부딪친다. 그렇게 되면 조직원들도 불평불만으로 마음의 벽을 두껍게 쳐 버린다. 이런 상황에서 50%의 변화 요구는 불가능에 가까워진다. 물론 우리 회사라고 해서 항상 성장만 한 것은 아니다. 퇴보도 있었고 실수도 있었다. 그러나 나는 그럴 때마다 왜 직원들의 입에서 힘들다는 이야기가 나오는지 의구심을 가지고 현장을 발로 뛰는 쪽을 택해왔다.

그러던 차에 김쌍수 사장을 대면하게 되자, 설렘과 활기가 솟는 기분이었다. 전기계에서 내로라하는 회의 참석자들도 그를 만나는 것에 대해 '오늘 회의는 특별한 이야기들이 오가겠구나' 기대하는 눈치였다. 김쌍수 사장의 발언은 이렇게 시작되었다.

"한전에 와 보니 전력업계가 매우 허약하다는 것이 느껴집니다. 사실 우리나라는 가전이나 전자업계로 본다면 세계적인 경쟁력을 갖추고 있습니다. 오늘 아침 신문을 보니 일본 소니사가 16,000명을 감축하고 소니의 경우 내수에만 주력하고 있습니다. 해외경쟁력이 없어진 것이죠. 그에 비해 한국의 삼성전자와 LG전자의 저력은 아직도 대단합니다.”

그때 참석자 중에 한 사람이 말을 거들었다.

“한국의 중전업계도 미국에 수출을 많이 하고 있습니다. 또한 미국과 비교해도 절대 뒤지지 않습니다. ABB나 지맨스 등은 따라가고 있지요.”

그러자 그는 잠시 침묵을 지키더니 차분하게 말했다.

“글쎄요, 따라가는 정도로 될까요? 2등 경영 전략은 결코 성공할 수 없는 전략입니다. 그 자신을 2등에만 묶어두는 전략이니까요. 이렇게 생각해야 합니다. 이제 이 세상은 1등 아니면 살아남을 수 없는 세상이라고요. 한국의 기술력이 세계적으로 앞선 분야가 몇 가지 있지요? 가전 분야, 휴대폰 모바일 분야, 반도체, 자동차 조선업 등이 대단한 결실을 거두고 있습니다. 그러면 전기 분야는 어떻습니까? 제게 말씀해주실 분 계십니까?”

금방 회의실에는 침묵이 감돌았다. 그야말로 곤혹스러운 침묵이었다. 김쌍수 사장이 말을 이었다.

“전기요금 계량기만 하도 봐도 그렇습니다. 30년 전이나 지금이나 똑같습니다. 제 생각으로 볼 때 우리나라에서 훨씬 더 성능 좋고 작은 디지털 계량기가 나와야 경쟁력이 있습니다. 물론 가격은 아날로그보다 훨씬 싸야만 하고요. 그리 어렵지 않습니다. 칩 하나만 개발하면 됩니다. 전기업계도 이제 변화해야 하지 않겠습니까? 확실하게 달라져야만 이 어려운 시기에 살아남을 수 있습니다. 타산지석으로 삼을 수 있는 다른 업계를 살펴보십시오."

그때 또 한 사람이 그의 말을 이어받아 말했다.

"우리 전력 분야는 기간산업입니다. 한 번 잘못 운전되면 산업 전반에 엄청난 피해가 갈수 있습니다."

그러자 김쌍수 사장은 이번에는 강한 어조로 말했다.

"그렇습니까? 하지만 지금 상황에서 중요하지 않은 산업 분야가 어디 있습니까? 신개발품의 경우 일정한 지역을 설정해서 충분한 실증 테스트 후에 적용하면 됩니다. 한전에서 먼저 중전 분야의 기술 선도를 결심하고 이런 기술개발 제도를 만들어서 적극 지원해야 합니다. 신제품은 초기 3년까지는 성능과 가격 경쟁력을 갖출 때까지 한전에서 구매하는 겁니다. 그러면 신제품 개발 분위기가 활성화될 수 있을 겁니다. 생각해보십시오. 30년 전과 똑같은 크기와 비슷한 성능의 변압기라니요? 완전하게 다른 생각으로 접근하면 지금은 어려운 전기 분야도 충분하게 1등 경쟁력을 갖출 수 있습니다. 용기를 내십시오."

회의는 길지 않았다. 그러나 김쌍수 사장의 통쾌한 생각과 거침없는 일침은 우리 모두에게 남긴 바가 컸다. 저런 생각을 가졌으니 대한민국 가전 분야의 세계적인 기업을 이끈 리더 중 한 사람이 될 수 있었구나 하는 생각이 절로 들었다.

그날 나는 전쟁에서 승리하는 자의 이기는 힘을 다시 한 번 고민했다. 나폴레옹은 다수의 적들과의 싸움에 인생 전부를 걸었다. 자신과의 치열한 싸움에서도 처절한 몸부림을 쳐야 했다. 그는 성격이 급했고 욕망이 많았다. 그것을 억누르고 한 단계씩 밟아 올라가야 했다.

그뿐인가? 성공한 뒤에도 시련은 멈추지 않았다. 매번 영국과의 전투에서 목숨을 건 승부수를 던져야 했고, 고향 친지와 지인들의 가슴을 도려내는 배신과 배척, 형제들의 질시, 그리고 자기 편 내부의 음모와도 수없이 싸워야 했다. 그러나 그는 강한 사람이었고, 삶 전체가 전쟁이자 혁신이었다.

그리고 또 하나, 나폴레옹에게는 한 가지 단단한 내면의 힘이 있었다. 김쌍수 사장에게서도 발견했던 것, 바로 문제를 정확하게 인식하고 세부사항을 포착하되 역발상으로 사태를 창조하고 전체의 그림을 그리는 탁월한 지성이었다. 김쌍수 사장은 경쟁우위 전략을 수립해 명확한 비전을 제시하고 있다는 점에서 하나의 승리의 비결을 구가하고 있는 것과 다름없었다. 또한 그 비전이 명확하게 조직원 전체에게 스며들게 만드는 리더로서의 대담함, 끈질김 등도 고루 갖추고 있었다.

다시 말해 전쟁 같은 위기상황의 리더에게 필요한 것은 다음의 3가지 자질일 것이다.

불황은 피하려는 이에게는 두려운 위험 같은 것이지만, 훌륭한 리더에게는 오히려 미래를 준비하는 기회가 된다. 어려운 시기에 닥치면 자기와 조직을 돌아보고 비효율적인 부분을 점검하게 되고, 배수진이라는 강력한 전술을 구사해 오히려 위기를 전화위복의 기회로 삼을 수 있다는 의미이다.

실제로 불황 시에는 기업들마다 수익률이 떨어지는 사업부문 폐쇄, 인원정리, 노동시간 단축 등 전 사업장의 조직을 재구축한다. 단순히 조직 정비뿐만이 아니다. 실질적이고 정책적으로도 재조직이 이루어지고, 이때 리더의 지침이 중요한 힘을 발휘한다.

실제로 미국의 한 유명한 컨설턴트 역시 불황을 기회로 할 수 있는 일들이 분명히 있다고 말한다. 모방품과 경쟁하기 위한 원가 경쟁력을 키우고, 우수사원을 총 점검하는 일이다. 모방품에 대처하는 것은 경기가 후퇴하고 있는 때야말로 경쟁사와 모방품을 제압할 수 있는 외부적인 환경이 만들어진 절호의 기회이기 때문이다. 우수사원을 점검하는 것은 생존의 키를 쥐고 있는 사원을 특별 관리해 사내 의사소통과 업무프로세스 전반을 새롭게 정비하기 위함이다.

불황에 가장 각광받는 것은 공격 경영이다. 방어적 태도를 버리고 새롭게 박차를 가해야 한다. 호황에도 그랬듯이, 불황기에도 1등은 존재한다. 훌륭한 리더에게 불황기는 거품을 거두고 자신의 실력을 드러내는 기회임을 잊지 말자.

불황이기에 더 빛나는 기업이야말로 1등 기업이며, 불황이기에 더 빛나는 리더야말로 진정한 리더일 것이다.

미래를 바라보면 사람이 모인다

나폴레옹에게는 또 다른 중요한 재능이 있었다. 바로 주변과 훌륭하고 헌신적인 관계를 맺는 천재적인 인간관리 능력이었다. 그는 전쟁의 수장으로서, 나아가 한 제국의 황제로서, 항상 자기 군대와 국민들에게 더 넓은 비전을 심어주고, 자신의 목표가 그들의 목표가 될 수 있도록 만드는 재주가 있었다.

실제로 사람들은 나폴레옹을 돕고 싶어 안달이었다. 그는 위기 때마다 주위의 실력자들의 적극적인 도움으로 번번이 위기를 넘겼다. 그는 동반자에게 희망의 비전을 심어주고 그들을 자신의 팬클럽으로 만들어 자신 안의 영웅을 깨웠다.

그렇다면 사람을 끄는 매력적인 리더의 가장 큰 조건은 무엇일까? 나폴레옹은 강력한 국가, 강력한 군대, 통합된 세계 등등 당시로서는 상상하기 힘든 미래를 눈에 그리듯 제시하는 비전의 힘을 활용했다. 즉 앞으로 다가올 미래에는 더 큰 것이 있고, 그 변화 속에서 자신을 강력한 군주의 모습으로 이미지 메이킹했다.

언젠가 저녁식사 자리에서 누군가 내게 이렇게 물은 적이 있다.

"중소기업이 11년 만에 이룬 실적이라고 보기에는 아주 대단합니다. 대표님 욕심은 대체 어디까지입니까?"

그때 나는 GM이 무려 115년의 역사를 뒤로 하고 망한 이유를 아냐고 묻고 싶었다. 그들이 망한 것은 다른 게 아니었다. 다가올 미래를 창조하기는커녕 제대로 읽어내지 못한 탓이다.

당시 GM은 몇 가지 큰 실수를 했는데, 그 중에서 가장 큰 실수는 고객의 욕구를 잘못 파악했다는 것이었다. 그들은 많은 운전자들이 미국 동부에서 서부까지 오가는 일이 많아질 것이며, 오래 달리는 것이 고객의 욕구가 될 수 있다고 판단해 기름 탱크를 3배나 크게 키웠다. 또한 차량은 무조건 안전해야 한다는 생각에 두꺼운 철판과 강한 프레임을 써서 투박한 차량을 내놓았다.

하지만 그들이 그린 미래는 빵점짜리 미래였다. 오히려 경쟁사들은 앞으로 실용성과 튼튼함보다는 고효율과 디자인이 중시되는 세상이 올 것임을 알고 하이브리드 카로 연비효율을 높인 데 반해, GM은 그것을 눈치 채지 못하거나 아예 간과해 버린 것이다.

그 이유는 다름이 아니었다. 미래가 아닌 과거의 발자국을 보고 있었기 때문이다. 그들은 과거의 1등이라는 환상과 영화에 취해 앞으로도 당연히 잘될 것이라는 막연한 기대에 모든 것을 내걸었다. 그러다 보니 조직 전체가 긴장감을 잃고 방만하게 흘러갈 수밖에 없었다.

이른바 목줄기에 칼날이 들어올 때까지 구태의연한 발상에서 벗어나지 못했던 것이다.

조직에서 미래를 읽고 미래 경영 자본을 확충하는 것은 가장 중요한 능력 중에 하나다. 미래에 다가올 변화를 제대로 읽지 못하면 고객의 요구와 후발 경쟁자의 사이에서 그 조직은 괴멸된다. 때문에 기업은 미래를 선도한다는 자신감으로 미래를 철저히 파악해 올바른 변화를 확신하고, 그것을 지속하려는 치열한 노력을 경주해야 한다.

흔히 하는 말 중에 "사장만 바쁘다"는 말이 있다. 직원들 보기에는 별 것 아닌 일에 사장은 분주하게 움직인다는 뜻이다. 하지만 시시각각 변하는 경영 환경, 언제 목에 칼이 들어올지 모르는 상황에서 매사에 배수진을 치고 바쁘게 움직이는 것은, 단순한 배 채우기 욕심이 아닌, 조직의 리더로서는 당연한 의무이자 활동이다.

우리 회사는 2009년 1,700억 원, 2010년 2,900억 원, 그리고 2012년 7,000억 매출을 향해 달려가고 있다.

그리고 외부의 시선에 상관없이 충분히 이를 달성할 수 있

·으리라 굳게 확신하고 있으며, 이를 조직원 모두의 한결같은 공감대로 간직하고 있다.

예를 들어 우리는 앞으로 미래의 패러다임은 '에너지'와 '빛'이라는 주제로 달려갈 것이라고 분명하게 정의하고 있다. 이런 상황에서 에너지와 빛을 주제로 확실하게 상품과 서비스를 그려낸다면 반드시 시장을 선도할 수 있다고 믿는다. 또한 시간은 흘러가버리면 그만이듯이, 이런 메가톤급 기회는 다시 오지 않을 것이라고도 확신한다. 에너지는 우리 시대의 정보와 문화생활에 없어서는 안 될 공기와 같은 도구이자 앞으로 친환경과 관련해 시장이 무궁무진하게 커질 것이기 때문이다.

현재 신기술로 각광받고 있는 LED 하나만 봐도 이 사실을 알 수 있다. 현재 이 새로운 LED 등은 하루 8시간의 제한된 시간 영역을 24시간으로 확장케 도와주는 혁명적인 도구로 인정받고 있다. 또한 과거와는 전혀 다른 방법으로 우리 사회에 영향력을 주는 핵심적 상품으로 발돋움할 가치를 가지고 있다. 그리고 이와 관련한 전반적인 업계 변화의 중심에서 일부 기업뿐만 아니라 대한민국도 세계적 기술적 패러다임을 이끌 수 있는 기회를 잡을 수 있게 된다.

이런 미래가치가 있기 때문에 최근 기회의 황금 맥을 찾기

위해 수많은 회사들이 이 시장에 뛰어들고 있다. 태양광 업체
는 약 1,000개나 되고 LED 업체 역시 약 1,000개 회사가 밤을
지새우고 뛰고 있다.

그런데 여기서 한 가지 질문을 던져봐야 한다. 이러한 수많
은 기업들 중에 향후 3년 뒤에도 살아남을 회사가 몇이나 될까
하는 점이다. 아마 그 대답은 굳이 내가 하지 않아도 모두들 잘
알고 있을 것이다. 여기에서 살아남기 위해서는 과거라는 인공
호흡기로 연명하지 않고 미래를 향한 생존 리더십과 진화가 반
드시 필요할 수밖에 없다. 그리고 리더가 먼저 그곳을 향해 바쁘
게 달려나가야 그 미래를 나누고자 하는 사람들도 주변에 모일
수 있다.

시장에서 경쟁이 치열해진다는 것은 하나의 위기상황임은
분명하다. 기존의 관념으로 일관하는 조직에게는 재앙일 수도
있다. 그러나 이런 위기도, 미래에 대한 비전을 그리고 스스로
의 체력 수준에 맞는 변화를 추구하는 조직에게는 더할 나위
없이 좋은 기회일 수 있다. 즉 스스로의 체력 관리와 함께 통제
가능한 50% 선에서 목표를 갈구하고 실행하는 전략이 급선무
인 것이다. 어쩌면 녹색 버블은 이미 시작되었는지 모른다. 당
장 주변만 봐도 그렇다. IT 기반의 지능형 전력망인 스마트그

리드가 한국이 선도 국가 역할을 한다고 해서, 모든 기업들이 방향타도 없이 돌진만 한다고 해서, 미래의 재화들이 낚싯줄에 걸리지는 않는다. 위대한 시기에는 항상 기회와 위기가 공존하고, 그것을 잘 파악해 정확한 표지를 향해 화살을 날려야 하는 것이다. 이럴 때 대부분의 사람들은 상식 선의 유혹에 빠지고 만다. 아침 7시에는 블루오션이었던 영역도 많은 관심이 쏟아지면 불과 한 시간 뒤인 아침 8시에 많은 출근 차량들이 보이면 레드오션이 된다는 사실을 기억하지 못한다. 불빛에 끌려든 불나방이 자신의 미래를 한순간의 날갯짓으로 던져버리고 마는 것처럼 말이다.

결국 아무리 넓은 시장에 뛰어든다 해도 남들이 못하는 영역, 미처 바라보지 않은 영역에서 특화된 무언가로 차별화하지 않으면 그 회사는 결코 생존할 수 없다. 그리고 가장 먼저 조직의 리더부터, 화려한 양귀비에 홀려 과거만 파먹고 살아서는 안 된다. 귀로 들어와 머리를 울리고 가슴으로 옮겨 온몸으로 실행하는 배수진을 친 변화와 적응만이 올바른 것들을 자신의 것으로 바르게 소화해낼 수 있음을 기억해야 한다.

자기 역량을 확인하고 통제 가능한 전략으로 한발 한발 조심스럽게 당차게 나아가야 할 때이다.

5장

드림 소사이어티의 IT 무한도전

용산산가에 처음 입주해 사무실 책상을 들여놓던 그날의 순간을

아직도 나는 잊지 않고 있다. 또한 그곳에서 처음 만났던 원대한

꿈, 최고의 전기사업을 일구겠다고 꿈꾸던 내 마음의 소년을 아직

도 기억한다. 그리고 그 소년이 자라나 머리 희끗한 중년이 된 이

시점, 우리는 또다시 새로운 시작을 준비하는 중이다.

2007년 산업 연수차 몽골

울란바토르에 간 적이 있었다. 인구 280만 명의 몽골 땅은 면적이 한국보다 15배나 넓다. 게다가 지하자원도 풍부하다.

몽골 인들은 외양이 한국인과 흡사하다. 말만 하고 있지 않으면 거의 구별이 어려울 정도다. 그러나 사는 모습은 우리와 많이 다르다. 이 나라는 국민소득이 1,000불이 안 되는 상황으로 언뜻 우리의 70년대 초반이나 60년대 말과 비슷하다.

우리는 수일간 이곳의 산자부장관, 농림부장관, 통산부차관을 만나고 대통령궁도 방문할 기회를 가졌다. 그리고 일단 인구의 절대적인 열세와 주변 환경으로 인해 크게 잘 살기가 어려울 것 같다는 공통적인 의견을 가졌다.

일단 해발 1,500미터 정도에 위치한 몽골의 수도 울란바토르에는 바다가 없다. 산은 있지만 나무가 없다. 들은 있지만 풀이 없다. 1년 중 절반가량은 혹한기 때문에 활동 범위에 절대적인 제한을 받는다. 물론 이런 자연 환경을 극복하는 것은 쉽지 않아 보였다. 그럼에도 무언가 길이 있을 것 같아서 며칠간 울란바토르를 보면서 여러 가지 생각을 했다.

울란바토르에 호수를 만들면 어떨까? 여기에 온천 단지를 만들고 대규모 스키장을 만들면 어떨까? 고비사막에 미국의 캘리포니아에서 그랬듯이 호수에서 물을 채취해 스프링쿨러 시설을 설치해서 대규모 농장을 만들면? 고비사막의 모래를 채취해서 판다면? 대규모 우주기지를 유치해서 달나라로 가는 출발역을 만들면 좋지 않을까?

수많은 생각들이 떠올랐지만 결국은 쉽지 않겠다는 판단이 들었다. 그 가장 큰 장애물은 자연환경의 제약이 아니었다. 바로 몽골인들의 마음이었다. 몽골을 돌아다니면서 가장 크게 느낀 건 이곳 사람들이 징기즈칸의 그늘에서 벗어나지 못한다는 점이었다. 그들은 800년 전의 위대한 조상의 후덕에 전적으로 기대어 개발이나 산업 같은 분야에는 애초에 귀를 기울이지 않고 있었다.

그들은 자기들 삶을 위대한 선친 징기즈칸이 주었고, 그것을 그대로 유지시켜나가야 한다고 믿는 듯했다. 어디를 가나

징키스칸의 이야기와 이름, 조형물이 그들의 미래를 더 이상 뻗어나가지 못하고 옭아매고 있었다. 그러나 그는 이미 800년 전에 죽은 사람이다. 기업으로 치면 100년 동안 히트작 하나로만 우려먹고 있는 것과 다를 바가 없는 것이다.

물론 누구나 과거의 영화에 기대어 그 자리에 멈추고 안주하고 싶어질 때가 있다. 기업도 때로는 그런 길을 택한다. 하지만 그렇게 되면 귀신처럼 핵심 부품에서 품질 불량이 반복되고, 새로운 제품 런칭도 불가능해진다. 조직 전체가 삐그덕대는 것이다.

멀고 먼 인생길, 과거만 붙잡고 있는 것은 어리석다. 그것은 혁신과 창조를 가로막고 더 큰 꿈을 꿀 기회를 박탈한다. 과거의 끈을 잘라버리고 미래로 나아가지 않는다면 과연 그 일생에는 얼마나 큰 의미가 있겠는가?

용산상가에서 일군 소중한 꿈

어느 사업이나 그렇듯이 케이디파워의 시작도 결코 거창하지 않았다. 1989년 용산전자상가에 작은 사무실을 내고 시작한 것이 지금 우리 회사의 모태다.

우리 회사의 현재 사업 방향은 이렇다. IT기술이 핵심 가치로 인정받고, 미래 사업으로 주목 받는 상황에서 전기 안전에도 전력과 IT기술을 접목한 시스템을 선보이는 것이다. 실제로 우리는 2008년 전기안전공사와 공동으로 사람이 직접 방문하지 않고도 전기설비의 안전 여부를 원격으로 관리하고 감시할 수 있는 시스템을 시범적으로 설치해 운영에 들어간 바 있다.

이 시스템은 디지털 계측기를 수용가에 설치한 뒤, 그 계측 정보를 온라인으로 전송해 전기안전관리자나 수용가가 직접 인터넷을 통해 이상 유무를 확인할 수 있는 방식으로 불필요한 점검 과정과 인력을 줄이는 데 크게 공헌하고 있다.

그리고 전기안전공사는 우리가 제시한 이 원격감시시스템을 서울, 인천, 경기 등의 관공서를 비롯한 학교와 병원, 공장, 일반 빌딩 등 1000개소에 시범적으로 설치해 운영함으로써 전력과 IT의 결합 시스템의 상용화를 추진했다.

또 하나, 우리는 모바일을 이용해 휴대폰에 인터넷 키를 입력하면 전력, 설비, 피크, 발전기의 현장 상태를 점검할 수 있는 M2M 모바일 시스템도 구축 중이다. 이 시스템이 상용화된다면 누구나 현장에 쉽게 접근할 수 있고, 통합된 산업설비 전반의 이상 유무를 파악해 적절하고 신속한 대처를 마련할 수 있다.

나는 어렵거나 힘들 때, 또는 정체 분위기에 막혀 숨을 쉬기 힘들 때, 항상 호시우보(虎視牛步)를 생각한다. 호랑이처럼 예리한 관찰력과 소처럼 신중한 행보로 기회를 파악하고 한 걸음씩 천천히 나아가자는 뜻이다.

그러나 이런 날카로움과 신중한 이면에 또 하나의 중요한 요소가 있다. 모두가 불가능하다고 말하는 꿈을 꾸고, 그것의 현실화시키기 위해 노력하는 자세이다.

사람은 누구나 늙는다. 머리는 굳고 마음은 싸늘하게 식는다. 그러나 기업가는 그래서는 안 된다.

세상에서 가장 힘든 것은 마음속의 소년을 죽이지 않고 간직하는 것이라는 말이 있듯이, 기업가는 여전히 마음 안에 자신만의 소년을 간직해야 한다.

지금도 우리 회사는 더 큰 꿈을 꾸는 중이다. 춘천 IT 산업과 문화복합 단지에 새로운 꿈의 보금자리를 마련하는 중이다. 현재 산업 IT 산업은 2007년 세계시장 규모 900조 원 대의 유망산업으로 국내는 40조 원에 달한다.

이 와중 우리의 매출 전망도 2009년 2,000억 원, 나아가 2012년에는 7,000억 원을 목표로 두고 있다. 그리고 우리가 입주하게 될 춘천 단지는 전력기술과 정보기술과 통신기술을 융합하고, 동시에 디자인과 문화예술 단지를 조성해 고부가가치의 신 성장 산업의 시작점이 될 곳이다. 이곳에 들어오는 기업들은 전력 IT분야에서 1등 기업인 우리 회사, 그리고 건축 디자인을 비롯한 문화산업 분야에서 최선두를 달리고 있는 명승건축 등 다양한 분야의 총 23개 기업이다.

총 23사가 협력해 세계 최초로 산업분야에 환경과 예술을 결합한 자연 친화형의 세계적인 "드림소사이어티"를 탄생시킬 예정인 것이다.

우리가 강원도에 이와 관련한 단지를 조성하려는 부지 모색은 2006년부터 시작되었다.

이 산업단지는 경춘 고속도로가 개통되면서 서울에서 불과 30분 내로 진입이 가능하다. 여기엔 창작문화, 예술 산업이 어우러진 문화복합산업 단지로 개발될 것이다. 다시 말해 이 단지는 단순히 산업과 IT 뿐만 아니라 환경과 예술, 문화와 산업이 만나 건설하는 새로운 꿈의 공동체로, 춘천의 랜드마크로 성장할 만한 충분한 가치가 있다.

지난 6월 5일 18만평 산업문화복합단지의 사업승인을 받았다. 그간 걸어왔던 순간들이 순식간에 머리를 스치고 사라졌다. 바로 이 기쁨과 희망을 찾기위해 힘든 순간을 많이도 걸어

왔구나 하는 생각이 밀려들었다. 물론 앞으로도 해야할 일은 많지만….

그러나 무엇보다 젊었던 시절, 혈기 넘치고 성질 급했던 그 무렵, 이루고자 하는 일이 뜻대로 안 돼 가슴을 태울 때마다 되새기고 되새겼던 말들이 생각났다. 성장과 결실은 결코 단시간 내에 이루어지지 않는다는 단순하고도 명확한 한마디였다.

용산산가에 처음 입주해 사무실 책상을 들여놓던 그날의 순간을, 아직도 나는 잊지 않고 있다. 또한 그곳에서 처음 만났던 원대한 꿈, 최고의 전기사업을 일구겠다고 꿈꾸던 내 마음의 소년을 아직도 기억한다. 그리고 그 소년이 자라나 머리 희끗한 중년이 된 이 시점, 우리는 또다시 새로운 시작을 준비하는 중이다.

상식을 바꾸면 미래도 바뀐다

우리가 보이는 전기, 말하는 전기'를 컨셉으로 한 전력 IT 통합브랜드 웹센(Websen) 개발에 몰두한 이유는 사실 다른 것이 아니다. 경쟁이 치열하고 모방품이 넘치는 시장에서 살아남으려면 끊임없는 신기술 개발이 필요했기 때문이다.

그 와중 우리가 전력과 IT 결합을 결심한 이유는 통제불능의 패러다임 변화에 대한 우려 때문이었다. 회사를 이끌어오는 동안 매순간 닥친 위기들을 열거하라면 사실 끝도 없지만 그 중에서도 항상 나를 조급하게 만들었던 건 미래가 어떻게 변할지 모른다는 불안이었다.

그리고 현재도 우리 업계는 커다란 변화 속에 있다. 과거의 전기가 공급자 중심이었다면 지금은 수요자 중심으로 바뀌었고, 미래는 또 어떻게 변할지 모른다.

이제는 단순히 품질 좋은 상품을 생산해내는 것을 넘어, 미래에 고객이 원하고 고객이 편하게 이용할 수 있는 상품과 시스템을 마련하는 일이 필요하다. 지금까지의 상식을 전복하고 전기와 관련된 새로운 개념을 생산해야 하는 것이다.

하지만 이는 단순히 고객만족만을 위한 것도 아니다. 고객을 중심으로 생각하는 기업은 고객을 위해 더 나은 상품을 생산하려고 정신적·물질적 투자를 감행하게 되고, 결과적으로 더 훌륭한 상품과 시스템을 통해 시장에서 앞서갈 수밖에 없다.

춘천에 터를 두고 진행하고 있는 춘천 드림 소사이어티, 녹색산업 IT야말로 고객에게도 우리에게도 새로운 비전을 제시하는 새로운 성장 동력이 될 것이라고 확신한다.

지난 몇 년간 우리 회사는 녹색산업에 지대한 관심을 가져

왔다. 녹색산업 IT 비즈니스 모델로서 태양광 · LED · 하이브리드 에코 에너지 시스템 등을 제시한 바 있으며, 태양광 부문의 경우 우리만이 유일하게 조달청과 수의계약을 맺고 있다.

또한 감성 LED 조명시스템을 구현한다는 목표 하에 LED 사업도 준비 중이다. 다양하게 융합되어진 6개의 전기절약 시스템을 갖춘 하이브리드 시스템을 공급, 고객들로 하여금 20% 이상의 에너지를 절감할 수 있도록 돕고 있다.

나는 딱딱하게만 여겨지는 전기와 IT도, 결과적으로는 더 풍요로운 세상을 위한 것이라고 생각한다. 다시 말해 딱딱하기만 한 기술력은 소용이 없다. 인간의 삶을 풍요롭고 더 아름답게 만들 수 없다면 기술력도 의미가 없을 것이다.

그리고 현재 춘천에서 지어지고 있는 춘천 메가시티에서는 기술과 인간, 문화와 자연이 하나가 되는 또 하나의 상식 파괴가 이루어지고 있다. 흔히 기업은 직원의 불행을 쥐어짜 독식한다고 말한다. 반면 춘천 메가시티는 고효율을 모토로 지어졌지만 사람을 쥐어짜는 고효율이 아닌 상식 파괴를 통한 상생과 통합의 장이다.

이곳은 전력, 가스, 초고속망통신, 수도, 환경 오폐수 처리는 물론 단지 내까지 국비와 도비로써 완전하게 인프라를 갖추어 대도시와 비교할 때 부족함이 전혀 없다. 오히려 깊은 산 속 풍광 좋은 자연환경이 최첨단의 지원설비로 마련된 풍요로운 유토피아에 가깝다. 이곳에서 일하는 직원들은 일하고 싶은 곳에서 일하고, 매 순간을 오락과 같이 일상을 즐기며 살 수 있다는 점에서 단언컨대 행복지수가 국내에서 가장 높다.

그런가 하면 직원의 복지 시설도 훌륭하다. 살맛나는 직장 환경이 조성되어야 살 맛 나는 직원들이 많아지고, 살 맛 나는 직원이 많아야 기업도 잘될 수밖에 없다는 생각에서다.

한 예로 언덕 위 메가 시티 생산 존과 경계에 있는 클럽 하우스에는 각종 운동과 여가 등 복지시설이 최고급으로 마련되어 있다. 옥외에는 베이스볼, 테니스라켓, 야외헬스장과 잔디구장 및 야외무대까지 연결되고, 지하 300m에서 뿜어져 나온 약수사우나 시설도 최고급으로 설치되어 있다.

또한 24시 찜질방 형태의 그룹 MT가 저렴하게 가능하도록 한 사우나 설비는 대형으로 만들어져 사내 직원들은 물론, 지역주민들도 간단한 오락, 식사, 숙박이 가능하다. 또한 실내와 연결된 실외 수영장과 음악 감상실, 침향과 사상의학강의, 해동검도 수련장과 이모그래피의 창시자인 허회태 화백이 주관하는 묵화서예, 민화 등의 문화센터도 운영된다. 또한 건강 체

크와 관리를 위한 복지 지원은 기본이다.

심지어 유아를 위한 보육센터와 중학생까지 등하교를 책임지는 커뮤니티센터도 있다. 이쪽에 관심을 가지는 직원들은 해당 분야에서 불꽃같은 열정으로 직장생활을 하고, 정년 후에 이 아카데미하우스에서 약 10년간 연구원과 교수직 겸임으로 후배를 양성하고 새로운 일과 인생의 경험을 제품개발과 열정적 강의로 전달할 수 있다. 또한 이후에는 단지 내 각종지원시설의 관리자로서 자신의 노후를 즐기게 된다. 실제로 이 스쿨센터의 센터장은 전력IT의 신 지평을 지원했던 양홍석 센터장이 겸직할 것이다.

자본주의 사회에서는 기술이 곧바로 재화이다. 또한 사람도 하나의 재화로 소모시킨다. 그러나 단순히 이익만 쫓고 그것이 전부라고 믿는 기업이 있다면 그들은 그 상식부터 바꿔야 한다. 기업이 존재하는 것은 바로 사람의 힘에 의해서이며, 그 사람들이 원하는 것은 더 풍요롭고 아름다운 삶이기 때문이다.

흔히 무언가를 대단히 해낸 사람이나 엄청난 현상 앞에서 흔히 우리는 "야, 정말 예술이구나!"라고 말한다. 사람에게 감동을 줄 수 있는 것은 비단 예술뿐만이 아니다. 기술력도 때로는 예술처럼 다채로울 수 있어야 하며, 그것을 원하는 이들에게 감동을 안겨줄 수 있어야 한다. '기술 따로, 예술 따로' 라는 이분법적 상식 대신 그 안에 감성과 이야기가 녹아 있어야 한다. 그리고 이처럼 문화와 기술이 이루어진 케이디파워의 드림 소사이어티는 예술적 기술로 진보하고자 하는 우리 회사의 가장 훌륭한 둥지가 될 것이다.

녹색 IT 공동체, 드림 소사이어티를 향한 도전

현재 강원도와 공동 추진 중인 춘천 제조·문화 복합 산업 단지는 해발 320m 고도에 자연을 최대한 훼손하지 않는 범위에서 조성되며, 녹지율만 45%에 달하는 아름다운 공간으로, 2014년, 앞으로 5년 뒤면 춘천의 18만평 산업 IT 단지에 한국의 새로운 성장엔진으로 한국경제의 5%를 책임지고 미래를 꿈꿀 '메가 시티 산업 IT 드림타운' 이 완성되게 된다.

먼저 23개사가 입주한 이후, 기술력을 갖추고도 자본력이 취약한 유망 중소기업을 대상으로 500여 개 사 입주가 가능한 아파트형 공장을 추진할 계획이며, 상근직원 포함 상시 유동인구는 약 1만 여 명이 된다. 다시 말해 2014년이면 춘천에 1만 여 명이 움직이며 만들어내는 이야기의 공동체, 꿈의 공동체가 탄생하는 것이다.

실제로 이 드림타운 산업 IT단지는 일하면서 희망을 꿈꿀 수 있는 최적의 조건이 마련되어 있다. 뒤쪽 삼면은 410여 미터 낮은 산으로 옴폭하게 안쪽을 감싸고 있고, 가운데 구릉지로 형성된 평균 300m 높이 평원은 산 속이라고 짐작되지 않을 만큼 넓다. 한쪽만 보면 알프스 산맥의 톡톡 튀어나온 산봉우리를 닮았고, 또 한 쪽을 보면 뉴질랜드의 초원 목장지대와 흡사하다. 그리고 이 글을 쓰고 있는 이 순간도 우리 회사와 123개 협력관계사가 입주해 2012년 매출액 7,000억을 향한 심장의 힘찬 박동을 움직이고 있다.

예전에는 제조업 하면 어두운 공장을 떠올렸다. 그러나 이제 춘천 산업단지는 제조업과 기술업에 대한 새로운 이야기를 쓰려고 한다. 바로 자연과 문화, 예술과 함께 하는 제조업이다.

실제로 단지로 들어와보면 '침침한 제조 공장'에 대한 생각은 금방 사라지고 만다. 널찍한 왕복 2차선으로 뚫린 입구를 들어서면 좌측 언덕 위에 주차장이 있고, 잔디운동장 뒤편에는 럭셔리 비즈니스 호텔급 객실 500개와 첨단 교육시설을 담당하는 아카데미 하우스가 자리 잡고 있다. 또한 7.1채널 디지털 서라운드 음향시스템과 디지털 조명시스템을 갖춘 320인 동시 수용과 5개국 동시통역이 가능한 국제회의장이, 7층 전문레스토랑에는 북해산 킹크랩과 랍스터 요리가 특기인 레스토랑이 있다. 유기농 채소와 단지 내에서 자연 숙성시킨 발효식품으로만 정성스럽게 만들어진 특별 식단은 시중가보다 30% 이상 저렴하고 맛깔스럽게 만들어져 춘천뿐만 아니라 수도권의 명물로 알려져 하루에도 300여 명의 가족 손님들이 줄을 선다.

5층에는 조용한 피아노 반주 클래식과 멕시코 커피향이 매력적인 카페가 있고, 북쪽에는 21세기 신소재인 나노 세라믹을 소재로 한 메가시티 조망탑이 비대칭 구조로 능선 자락에 높게 매달려 있다.

높이 20m에 자리 잡은 전망대는 호주산 스테이크와 칠레산 와인, 뉴질랜드 양고기 구이와 감자 구이, 스와롭스키의 크리스털 조명이 잘 어우러진 레스토랑과 블루 LED 조명, 한눈에 18만평 단지와 춘천호반까지 바라보이는 경관이 펼쳐진다.

산 정상에서 맛보는 제주산 다금바리와 펄펄 뛰는 갈치 회는 제주도 사계의 음식명인 강창근 사장이 직접 요리를 담당한다. 근처에는 12개의 중요 명품 음식점이 입주해 있고, 야외에는 셀프 바비큐 파티장에서 오리 바비큐와 돼지 바비큐가 구워진다. 또한 서울에서 오는 가족 단위 행사를 위해 대폭 할인과 오페라 공연 등 무료 이벤트가 열린다.

또한 연면적 약 3천 평 규모의 조망 탑과 유럽풍의 단층규모인 명품 아울렛 쇼핑몰에서는 늦은 밤까지 이어지는 이벤트가 즐비하고, 총 200개 업체가 입주해 원스톱 쇼핑이 가능하도록 되어 있다.

과연 이곳을 눈으로 보지 않고 어떻게 믿을 수 있겠는가? 과연 누가 이곳을 제조업 공장 단지라고 생각하겠는가?

그러나 조금만 상식을 돌려 생각해보면 춘천에서 벌어지고 있는 이 놀라운 일들은 얼마든지 가능한 일이다. 결국 꿈을 꾸고 그것을 현실로 만들어낸 노력의 결과이기 때문이다.

풍요로운 환경과 연구 단지가 결합하고, 생산 공장들은 테마파크의 모습을 갖추면서 공장 같지 않은 공장, 공원 같은 공장이 들어서면서 제조업의 역사를 새로 쓰고 있는 것이다.

그리고 앞으로 이곳은 단순히 기업들의 성장 거점 기지로서 뿐만 아니라 모든 고객들과 시민들이 꿈꾼 바를 실현하는 곳, 현실로 만드는 유토피아 파크로 점진적으로 성장하게 될 것이다.

가장 완벽하게 꿈꿔야 가장 완벽하게 이룰 수 있다

올해 초, 곤지암에 있는 신생 리조트에서 열린 개발 회의 때 일이다. 그곳은 국내 굴지의 대기업이 엄청난 자금을 투입해 오픈한 스키장과 종합 리조트가 있는 곳이었고, 우리는 새로운 설비를 볼 겸 이곳을 회의 장소로 정한 차였다. 그런데 회의 일정 3일 전에 인터넷에 각종 편의 시설을 예약하기 위해 홈페이지에 들어가 보니 영 절차가 쉽지 않아 간신히 콘도만 잡을 수 있었다.

리조트 입구에 도착하니 시설 규모는 훌륭했다. 도로 입구 가로등은 LED 조명이었고, 넓은 도로와 진녹색 지붕, 인공 계곡이 잘 어울려 알프스의 계곡처럼 느껴졌다.

그런데 문제는 그때부터 시작이었다. 회의실에 들어가 노트북 용 전원을 키려고 룸서비스 데스크에 멀티 탭을 요구하니 30분이나 지나 없다는 메시지가 돌아왔다.

오픈한 지 한 달이니 이해할 만하다고도 생각했다. 그런데 다음날, 현황 조사차 스키 랜털을 문의하니 사전 예약을 하지 않으면 50% 할인이 어렵고, 그것도 인터넷으로만 예약이 가능하다고 했다.

서울행 셔틀버스도 마찬가지였다. 인터넷으로만 예약이 가능하다는데 홀이나 룸에는 컴퓨터 설비가 아예 없었다. 노트북 없는 사람은 꼼짝없이 갇혀 있어야 한단 말인가. 그나마 노트북을 가진 사람도 방 1개에 하나의 무선 IP만 주어져 동시 예약이 힘들었다. 결국 돌아온 말은 예약을 못했을 경우 셔틀버스 기사에게 사정을 하는 수밖에 없다는 것이다.

돌아오는 내내 찝찝한 기분은 물론 나도 모르게 혀를 차고 말았다. 시장통에서 요리조리 골목을 다니다가 겨우 빠져나온 기분이었다. 놀라운 건 그곳은 대략 잡아도 3천억 넘는 금액을 투자한 최고의 시설에, 화려한 유토피아 마케팅으로 치장된 곳이라는 점이다.

그런데 건물과 시설만 훌륭했지 손님 대접은 시장과 다를 바 없고, 마인드나 섬세한 손길은 애초에 준비되지 않은 상태였다. 건물만 화려하게 그려내면 손님이 찾을 것이라는 말도 안 되는 생각이 빚어낸 결과에 다름 아니었다.

그러나 요즘 손님들은 절대로 외관의 화려함에만 큰 점수를 주지 않는다. 단맛을 많이 본 혀끝으로 살짝 맛보고는 금방 뒤돌아서 버린다. 즉 섬세한 하나하나까지 하나의 경영 방향에 몰입되지 않는다면, 아무리 시간과 비용과 전략을 투자해도 현실의 벽은 높을 수밖에 없다.

같은 맥락에서 춘천 메가시티 또한 내실과 제조업 공장의 본연의 포지션을 강조한다. 풍부한 놀이 환경과 먹거리 환경, 지역 시민들이 즐길 수 있는 환경 등이 마련되어 있지만, 궁극적으로 이곳은 놀이동산이 아니다. 결과적으로 이는 제조업과 IT 단지를 대중과 더 친화력 있게 운영하기 위한 하나의 도구적 환경에 불과할 뿐 그 안에는 늦은 밤 붉 밝힌 치열한 연구와 도전이 숨 쉬고 있다.

실질적으로 단지는 철저하게 운영되고, 그 안에서 높은 부가가치를 위한 다양한 연구들이 진행된다. 빛 좋은 개살구가 되지 않기 위해 모든 노력이 산업 단지의 활성화와 성장에 맞춰져 있는 것이다.

작은 일례로 철저한 보안 시스템만 봐도 이 단지가 생산성과 기업 활동에 얼마나 철저하게 대비하고 초점을 맞추고 있는지를 볼 수 있다.

중요한 건물에서 제대로 된 일을 하려면 무엇보다 철저한 보안이 중요하다. 우리 산업 단지의 경우 주요 건물들에는 모두 스캐닝 센터가 존재한다. 이는 모두 개인 홍채와 신체행동 정보인식, 지문 인식 등 개인별 특징이 입력된 시스템이다.

또한 승인을 거쳐 안쪽으로 1킬로미터쯤 숲 속을 헤치고 들어가면 산업 IT 연구단지와 전력 IT 실증시험센터가 방사형으로 뻗어 있다.

그 옆에는 '새로움과 꿈으로 가득 찬 사람들의 일터' 라는 글귀와 '낮은 산은 뛰어넘고 높은 산은 터널을 뚫어 목표로 향한다' 는 각오의 글이 깊숙하게 백 먹으로 쓰여 있다.

또한 타운하우스 뒤편의 돌산 위에 남쪽으로 향해 있는 쏠라 셀 단지는 우리 회사에서도 주력하고 있는 태양광 발전소가 있다. 산 정상의 큰 바람개비 2개는 각각 500kW짜리 풍력발전기로 전력단지의 위상을 과시한다.

다시 연구단지 위를 올라가면 전 세계 산업망 정보가 실시간으로 모이고 통제하는 IDC로 메가 시티단지의 핵심인 전산센터가 나타난다.

이곳은 안전구역으로서 외곽 보안은 물론 방화, 폭발 등 테러에 대비한 3중의 설비 안전시스템과 전원시스템으로 365일 무 정전으로 지원되고, 전 세계의 산업정보를 실시간으로 입출력하는 최첨단 서버가 광통신망과 연결된 '메가 시티 IDC센터' 가 있다.

이 센터는 전 세계의 산업관제서비스 고객과 실시간으로 연결되며, 서울과 부산 등 전 세계 5개소의 백업 센터와도 24

시간 연결되어 있다.

이곳 바로 우측 언덕 위 계곡에는 널따란 분지가 길게 뻗어져 있다. 바로 단지 내 생산 거점 지역이다. 이곳에는 중전시스템, 발전시스템, 대체에너지 트래커시스템, LED조명시스템 위 주력제품 관련한 지원 생산시설들이 집중적으로 배치되어 있다. 그 중에서 가장 큰 건물은 전원형 메가 시티존인 공장형 아파트다.

이곳은 세계적인 제품의 첨단 산업 IT 단지 협력업체가 입주해 있는 전원형 공장 아파트로 연면적 27,000평으로 조성되어 최적의 생산 및 연구 활동이 동시에 진행되는 완전한 산업 IT 인프라를 형성하고 있으며, 각 층에는 물류 이동의 최적화를 위하여 화물차도 각층까지 직접 출입이 가능한 램프 구조로 물류동선이 짧게 설계되어 있다.

또한 품질관리 종합센터가 여기서 생산되는 모든 제품을 100% 책임지도록 A/S와 연동하여 운영되고 있다.

이처럼 집적화된 단지는 물류비용의 개선과 경영의 전문성을 살리고 마케팅 비용 등을 최소화할 수 있어 타 단지보다 10% 이상의 비용 절감을 기대할 수 있다. 또한 여기에서 생산되는 평균수익률은 경쟁사 대비 최고의 품질임에도 10% 이상

수익이 발생한다. 전국적으로 강력한 유통시스템을 갖추고 있어 좋은 제품만 만들면 판로가 걱정 없고, 이로 인한 충분한 R&D와 물류 및 제조인프라가 지원되기 때문이다. 그리고 이처럼 좋은 환경이 약속되기에 현재 입주 예정 후보 업체들이 줄을 서고 있다.

지금껏 나는 국내뿐만 아니라 전 세계의 많은 산업단지들을 돌아보고 견학한 바 있다. 그리고 그 와중에 하나를 깨달았다. 형식과 돈만 가지고는 아무것도 할 수 없다는 점이다. 한 단지가 크게 성장하려면 입주한 모든 이들이 꿈꾸는 구체적이고 통합된 지향과 미래가 있어야 하고, 모든 조건들이 그 하나의 지점을 향해 전속력으로 달려가야 한다. 그저 돈만 들이붓는다고 해서 세계 최고의 산업단지가 만들어지는 것은 아니라는 뜻이다.

쉽게 말해 돈으로 쌓은 무언가는 돈으로 무너지게 되어 있다. 꿈을 꾸더라도 집중된 하나의 주제를 향해 강력하게 나아가고 완벽하게 꿈꿔야 한다. 그리고 그 설계도가 확실해야만 그 결과물 또한 완벽하게 드러난다.

만일 춘천 드림시티가 단순히 먹고 즐기기 위한, 말 그대로 트렌드를 따라가기 위한 허술한 공동체였다면 결코 나는 이곳에 입주를 결심하지 않았을 것이다.

그러나 이곳은 비슷하거나 같은 꿈을 가진 이들이 모여 함께 굴려가는 기관전차이자 새로운 꿈의 공동체다. 또한 그 성과들이 하나씩 눈에 나타나고 있는 지금, 밝은 미래를 예상하는 것은 결코 어렵지 않다.

꿈을 꾸는 것은 좋다. 그러나 그 꿈조차 완벽해야 한다. 무언가를 하기 위해 결심했다면 하나의 커다란 꿈을 세부적으로 쪼개 하나씩 완성시켜 나가는 인내와 결단이 필요하다. 이제 남은 일은 하나다.

우리 회사뿐만 아니라, 이곳에 상주하는 모든 이들, 나아가 전력 산업이 손닿는 모든 영역에서 춘천에서 시작된 이 꿈이 주는 수혜를 받을 수 있도록 설계도가 완성되는 그날까지 열심히 달려나가는 것이다.

당신의 자리를 비워두고 기다리겠습니다

삼성생명에서 7년 동안 전국 1등을 이어온 보험 설계사인 예영숙 씨는 이렇게 말한다. "고객은 판매자의 열정을 통해 비로소 마음을 열기 시작합니다."

고객은 철저하게 개인주의적이고 독선적이고 편한 걸 좋아

한다. 이런 고객을 내 편으로 끌어들이려면 어떻게 해야 할까? 바로 열정과 진정성, 그리고 성실함을 갖춰야 한다. 물론 그 이외에 다른 노하우도 있겠지만, 결국 그것을 받쳐주는 강력한 지지대는 어디까지나 이 세 조건이다.

이 조건들에 부합되지 않는다면 그는 아무리 좋은 회사에 들어가더라도 적응하기 어렵다. 그것은 사원 개인만의 잘못도 아니다. 회사 자체에서 직원들을 독려하고 그들이 마음과 행동의 철학을 가지고 미래의 비전을 가질 수 있도록 지원해주어야 한다.

다시 말해 직원의 열정과 진정성, 성실성이 좋은 회사의 지원과 비전과 만나면 그야말로 강성 기업이 탄생하게 된다. 두 손뼉이 정확히 마주치고 서로의 본분을 다한다면 작은 라면가게라도 손님이 들끓을 수밖에 없는 것이다.

보통 사람을 평가하는 잣대는 기본적으로 사회적인 것이 80% 정도, 개인적인 실력이나 인품이 20% 미만이다. 그러나 오랫동안 겪어본 결과, 나는 사회적인 것보다 개인적인 실력과 인품이 먼저라는 결론을 내렸다. 그간 나는 자기 사회적 위치를 거들먹거리는 사람도 수없이 보았고, 반대로 작은 직급이지만 누구보다도 성실한 사람도 보았다.

특히 전자의 경우는 자신이 거품 위에 서 있다는 것을 모른다. 그러나 허술한 모래성은 언젠가는 허물어진다. 반대로 작은 직급에서도 성실하게 일하는 사람은 좋은 기회를 잡아 더 높은 직급으로 올라가거나 그 실력을 천천히 인정받는 경우가 많다.

다시 말해 배려와 초심이 몸에 배어 있지 않다면, 그는 일류 인재도, 일류기업인의 자격도 없다. 반면 80%의 허상에서 벗어나 20%뿐인 자신의 실체를 찾는 여행을 한다면 비록 작은 일을 시작해도 오래 갈 수 있다.

나는 때때로 '사회적 적합 인재' 라는 단어를 사용한다. 말 그대로 사회에 가장 적합한 인재는 어떤 모습이어야 할지를 고민해야 한다는 것이다.

그러나 앞서 말한 열정과 진정성, 성실함의 세 조건, 그리고 인품을 갖췄더라도 당장 최고의 인재가 될 수 있는 건 아니다. 그는 또 다른 훈련들을 통해 자기 안에 숨겨진 재능들을 끌어내야 한다. 그리고 그 마지막 단계를 넘어서면 그 인재들은 3가지로 구분된다.

하나는 표준리더형, 두 번째는 챔피언형, 세 번째는 지도자형이다. 공통적인 점은 모두가 셀프 리더십이 강한 능동형 실천가며, 100% 신뢰 지수가 있어야 하고, 변화 지향적이라는 점이다.

첫 번째 - 표준리더형 : 성실형

: 이 유형의 직원들은 대개 주어진 맡은 바 소임을 다 하며 묵묵하게 기쁨으로 최선을 다하는, 회사의 튼튼한 기둥이 되어주는 이들이다. 거의 모든 회사들의 인재 집단의 약 40%는 바로 이런 표준리더형으로 구성된다.

두 번째 - 챔피언형 : 전문가형

: 이들은 자신만의 주어진 업무에 지혜와 열정으로서 책임을 다하고 결과를 확실하게 도출하는 깊이 있는 전문가들이다. 해당 분야에서 쉽게 범접할 수 없는 경험과 지혜를 가지고 있다. 많은 회사들이 총 인원 중 약 15%~20% 정도를 이런 챔피언급 전문 인재로 구성한다.

세 번째 - 지도자형 : 리더형

: 이들은 리더 그룹에 들어가는 사람들로서, 조직의 미래를 이끌고 혁신과 도전을 통해 비전을 꿈으로 전환시켜주는 역할

을 한다. GE의 젝웰치와 닛산의 카를로스 곤, 삼성전자의 황창규 같은 이들이 바로 그렇다.

이런 인재들은 대부분 능숙한 임원진에서 대략 5%로 압축된다. 이들이 이후 차세대 리더가 되고 경영진으로 편입된다. 큰일을 맡는 만큼 생각이 폭 넓고, 눈앞의 이익에 사사롭지 않고 자신보다 전체를 바라보는 혜안이 넓다.

물론 이 세 가지 인재형은 각각의 가치가 있고 모두 훌륭하다. 그러나 종합적으로 가장 훌륭한 인재는 리더형 인재라고 할 수 있다.

이런 유형의 인재는 감정의 진폭이 적고 매우 이성적이며 상상력과 기획력이 뛰어나고, 새로운 일에 대한 거부감이 적으며 행동에 짜임새가 있고 도전적인 경우가 많다. 그런 모습은 생활에서도 드러나서 예의바르며 끈질기고, 생각을 행동으로 구체화하는 실행력이 있으며, 장애를 뛰어넘을 수 있는 지혜가 있고 주변에 도움 줄 사람들이 많다.

또한 상하, 외부에도 평판이 좋으며 객관적인 생각을 지향하며 지속적으로 학습하는 형으로서 한번 사람을 사귀면 자신만의 영역으로 끌어들여 팬으로 만들고 역량과 환경을 모아 부풀려 크게 만들어간다.

무엇보다 이들이 가진 큰 장점은 보이지 않는 일을 보이게 만드는 구체적인 시나리오를 짤 줄 안다는 것이다. 이들에게는 전체의 꿈들을 현실로 만들어낼 능력이 있다. 다시 말해 조직이 가진 역량들을 재탄생시키는 능력이 탁월하다.

현재 우리 회사의 총 인원 중에서 전문가이며 지도자형 그룹은 약 10% 정도다.

나는 스스로 우리 회사를 전국에서 잘난 사람들만 모였다고 생각한다. 누가 들으면 오만하다고 할 수 있겠지만 이것이 내 진심이고, 내 이런 믿음이 있었기에 임직원들 또한 긍지로 일하고 더 좋은 결과를 내올 수 있었을 것이다.

물론 모두가 처음부터 그러했던 것은 아니다. 그러나 기본적으로 사람은 학습과 훈련을 통해 더 크게 성장한다. 예를 들어 나는 스스로를 개인적으로 100점 만점에 사회적 적합성이 60점 정도라고 믿고 있다. 그러나 불멸의 밤과 새로운 지식 학습으로 스스로를 통제하고 변화하면 더 나은 인재가 될 수 있으리라 믿는다는 점 또한 마찬가지로 누구나 각자가 조금만 변화한다면 위 3개 항목 모두에 해당 될 수 있고, 나아가 그 최상위 등급인 '전문가 지도자급'에도 탑승할 수 있다.

2015년, 아니 수년 안에 우리 회사는 대한민국 전기계의 역사뿐만 아니라 인류 역사에 한 획을 굵게 만들 새로운 출발을 시작할 것이다. 균형 감각을 가지고 그 자신부터 혁신하고 신바람 나는 문화를 만들어갈 것이다.

앞으로 우리 회사가 어떤 행보를 걷게 될지, 그 앞에 어떤 난관과 기쁨이 있을지 그 모두를 알 수는 없다. 그러나 한 가지는 확실하다. 이런 인재들이 있는 한, 우리 회사는 지금까지 그래왔듯이 결코 쓰러지지 않을 것이라는 점이다.

그리고 이 순간, 미래의 꿈을 스스로와 조직에게 심고 능력을 100% 올인하는 뜨거운 열정이 있는 모든 이들을 케이디파워에서 만나게 되기를 기대해본다.

세상이라는 무대에 자신을 던진다는 것

언젠가 27세 중국 최고의 피아니스트 랑랑의 연주를 본 적이 있다. 그때 나는 큰 감명을 받았고, 동시에 한 가지 사실을 느꼈다. 생김새나 재능은 달라도, 최고가 된 사람들의 기본은 크게 다르지 않다는 생각이었다. 랑랑의 피아노 연주는 그야말로 놀라운 경지였다. 머리가 아닌 손가락이 음을 기억하는 것처럼 그 빠른 음표를 흐르듯 연주하고, 온몸까지도 가락에 맞추어 흑색과 백색의 건반위에서 스스로 즐기고 있었다.

또한 나는 한국의 사물놀이패를 이끄는 김덕수 사물놀이에서도, 극중에 감정을 몰입해 스스로 울고 웃는 연극 주인공들에게서도 비슷한 감정을 느끼곤 한다. 그들은 단순히 머리로만 알고 몸은 그저 따라가는 것이 아니다. 그들은 오감으로 몰입해 자신의 모든 것을 연출하는 커다란 열정을 가졌고, 그 무대를 지켜보는 이들도 그들의 감정을 고스란히 느낄 수 있다.

경영 활동도 크게 다를 것이 없다. 경영은 복잡한 환경과 수많은 변수 속에서도 자신의 이상과 에너지를 모두 통합시켜 현실로 불러내고 희망을 연기하는 작업이다.

다시 말해 경영은 시장이라는 거대한 무대 위에서 춤을 추는 무용수이고, 악기를 연주하는 음악가이며, 흐르듯 글을 써내는 작가인 셈이다. 또한 온몸의 근육을 동원해 달리는 달리기 선수이자, 하루하루 땀 흘려 자신과 가족들을 돌보면서 가족이라는 예술적인 공동체를 일궈내는 가장이기도 하다.

모든 예술 활동, 사회 활동들은 비로소 열정을 통해 그 빛을 더하고 불멸을 얻는다. 그런 면에서 기업 경영도 신명을 다 바쳐 불꽃같은 열정을 쏟아낸다면 하나의 예술일 수밖에 없다.

그렇게 모든 몰입의 힘을 다 바치는데, 당장 제품 개발에 실패했다고 해서, 매출액이 떨어졌다고 해서, 그 무엇이 그리 어렵고 힘든 일이겠는가. 신들린 사람 앞에서는 불가능이 없는 것처럼, 배수진을 치고 죽기를 각오하고 세상이라는 무대 위에 자신을 던지는 불꽃같은 경영 에너지 앞에서는 실패와 장애라는 거대한 얼음도 녹아버릴 수밖에 없는 것이다.

이제 세상은 달라졌고, 기업도 새로운 길을 걸어야 할 때이다. 이 같은 상황에서 케이디파워 또한 새로운 한 걸음을 내딛고 있다. 직원들에게는 따스한 정과 웃음이 흐르고, 경영진들은 냉철한 이성으로서 네트워크 징검다리를 만드는 곳, 밤이면 산 새 울고 낮이면 뻐꾸기 소리와 함께 활기찬 기운이 감도는 케이디파워 드림 소사이어티, 대한민국의 경제 5%를 책임질 춘천의 드림시티(Dream city)가 바로 그 시작점이 될 것이다.

사실 이 군락에 상주하는 이들, 내부에서 일하는 사람이 아니라면 누구라도 여기가 세계의 모든 산업 정보를 실시간으로 모바일 관제 서비스하는 첨단 산업 IT 단지라는 것을 전혀 알지 못할 것이다. 그 만큼 평화로우면서도 치열한 드림소사이어티가 춘천에 설립되고 있다.

이곳은 세계 3대 초대형 블루오션 시장 중의 하나가 해일처럼 펼쳐지는 곳, 세계의 IT 역량이 한곳으로 집중되는 블랙홀의 중심이다. 한국인들, 나아가 전 세계인들이 문화와 여흥, 신기술과 풍요로운 삶을 즐기면서 각자 꿈꾼 바를 실현시키고 새로운 창조적 비전을 꿈꿀 수 있는 곳이다.

제조업 10년차에 이르러 그간의 행적을 정리하고자 이 글을 쓰는 순간, 나는 다시 한 번 여러 가지를 돌이켜 생각해본다. 과거의 10년은 불꽃같은 열정으로 무모하게 뛰어온 세월이었다면, 앞으로 10년은 내가 빚진 모든 것들에 대한 의무와 책임을 바탕으로 새로운 경영을 시도할 때라고 말이다.

그간 시나리오경영, 사이버경영, 스마트경영으로 경영의 차별화를 선도하고 조직의 능력을 통합했다면, 앞으로는 100년 가는 기업의 특별한 기업문화를 개발하고 정착하는 데 주력할 것이다.

사실 나는 경영을 이야기하기에는 너무 미약하고, 전기공학을 이야기하기에는 일천한 경험뿐이다. 그러나 사람들이 모여 사는 세상에 이렇게 살아가는 작은 기업과 사람도 있구나 하는 하나의 흔적을 남기고자 이 글을 썼다. 본래 글이라는 건 마음의 거울이고 지식의 창이니 이 글을 누가 어떤 시선으로 볼까 두렵기도 하다.

내가 태어난 1959년부터 현재까지, 이렇게나마 올 수 있었던 건 운도 좋고 주변에 큰 도움이 있었기에 가능했다. 지금껏 내 곁에서 묵묵히 자기 몫을 다해주신 임직원들, 그리고 그 외에 일일이 언급할 수 없을 정도로 많은 분들께 고개 숙여 감사드린다.

또한 앞으로 어떤 힘든 일이 닥쳐도 흔들리지 않을 것이며, 동시에 아무리 대단한 성과를 이룬다 해도 처음의 초심을 잊지 않을 것임을 약속드리고자 한다.

이 글을 위해 많은 애를 써주신 여러분들, 그리고 출판사 모아북스에 깊은 감사를 전하며, 불면의 시간을 불태우면서 불가능은 없다는 것을 몸소 보여준 모든 케이디파워인, 노심초사 희망과 응원가를 불러주신 모든 여러분께 감사드린다.

"여기, 꿈이 있으며

냉혹한 현실을 과감하게 타계할 미래가 있다.

한 순간 한 찰나에 전 세계를 움직일 수 있는 강력한

네트워크의 힘이 있으며

한국인의 미래를 책임질 드림 소사이어티가 있다.

드림 소사이어티의 마을 키워드는 '메가시티 기반의

에코 드림시티' 이다.

이 모든 이야기의 주인공은 바로 우리이다.

세계인이 우리를 주목할 것이다."

2009. 10. 20

케이디파워 대표이사 박기주

문헌참고 : 본문 41~42P/〈뚜르드코리아〉기사 일부 발췌
　　　　　〈SERICO〉자료/삼성경제연구원 참조
　　　　　『디테일의 힘』_ 왕중추 저/허유영 역/올림
　　　　　『인문의 숲에서 경영을 만나다』_ 정진홍 저/21세기북스